사드 배치
거짓과 진실

초판 1쇄 펴낸날 2017년 4월 30일
초판 3쇄 펴낸날 2017년 5월 27일

지은이 고영대

펴낸이 최윤정
펴낸곳 도서출판 나무와숲 ㅣ 등록 2001-000095
주 소 서울특별시 송파구 올림픽로 336 1704호.(방이동, 대우유토피아빌딩)
전 화 02)3474-1114 ㅣ 팩스 02)3474-1113 ㅣ e-mail : namuwasup@namuwasup.com

ISBN 978-89-93632-64-4 03300

사 드 제 대 로 알 기

사드배치
THAAD
거짓과 진실

고영대 지음

나무와숲

들어가는 글

주한미군 사드 배치가 끝내 현실로 되었다. 부지 공여(2017.4.20, 30여만m²?)가 이루어진 지 불과 일주일도 채 안 되어 레이더를 비롯한 사드 핵심 장비가 부지(경북 성주군 초전면 소성리)로 전격 반입된 것이다. 대통령 탄핵에 따른 5월 조기 대선과 정권교체 가능성을 염두에 두고 차기 정권의 선택지를 없애 버림으로써 사드 배치를 기정사실화하려는 한·미 당국의 치졸한 술수가 아닐 수 없다

그러나 북한의 핵·미사일을 방어한다는 명분으로 들여오고 있는 사드가 정작 북한의 핵·미사일을 방어하지 못하는 무용지물이라는 것은 이제 전 국민이 아는 상식이 되었다. 그런데도 한·미 군 당국은 여전히 한반도에서 사드가 마치 군사적 효용성이 있는 양 거짓 주장을 펴면서 사드 추가 도입까지 꾀하고 있다.

더욱이 주한미군 사드 배치는 아무런 법적 근거도 없이, 정당한 절차도 밟지 않은 채 한·미 군 당국의 독단과 전횡에 의해 추진되고 있다. 수십만

평의 땅을 미국에 공여해 주는 등 영토주권을 포기해야 하고 기반 공사비와 운영유지비 등 수백억 원에서 수천억 원에 달하는 막대한 비용을 부담해야 하며, 심지어 1조 원을 훨씬 웃도는 사드 장비 비용까지 추가로 부담할 수도 있는 상황에서 정부와 군 당국은 국회 동의도 없이 사드 배치를 강행하고 있는 것이다.

그런데도 국회와 정당, 그리고 대선 주자들은 주한미군 사드 배치의 불법성·부당성에 대해서 손을 놓은 채 그저 미국 눈치 보기와 대선에서의 표 계산, 대선 이후의 입지 확보에만 여념이 없다.

이렇게 불법·부당하게 추진되고 있는 주한미군 사드 배치가 가져올 파장은 실로 크다. 한·미·일 3국의 통합 미사일 방어MD 체계와 군사동맹 구축, 집단방위 행사로 미·중 간 전략안정과 지역안정이 미국 절대 우위로 바뀌고, 미·중, 중·일 대결과 군비경쟁의 격화로 동북아에 신냉전 체제가 들어서게 됨으로써 동북아 평화가 항구적으로 위협받게 되며, 한반도 통일이 요원해질 수 있다. 사드 배치로 향후 조성될 동북아와 한반도의 위기 상황을 틈타 일본 자위대의 한반도 재침략 가능성도 높아지고 있다. 주한미군 사드 배치는 그야말로 민족과 국가의 운명을 가름하는 중대한 문제가 아닐 수 없다.

이 책은 먼저 미사일 방어가 무엇인지 알아보고 한·미·일 MD 역사를 간략하게 살펴본 다음, 주한미군이 배치하려는 사드가 한반도에서 군사적 효용성이 전혀 없다는 것과 사드 한국 배치는 곧 한국의 미국 MD 전면 참여로 된다는 사실을 밝힐 것이다.

이어 미국이 한국에 사드를 배치하려는 군사전략적 배경이 한·미·일 통합 MD 체계 및 군사동맹 구축과 동아시아 지역에서 집단방위를 행사하려는 데 있으며, 아시아·태평양 지역에서 미·일의 절대 패권을 추구하기 위한 것임을 지적하고자 한다. 뒤이어 한·미 통합 MD가 미·일, 미·나토 통합 MD 체계에 비해 훨씬 대미 종속적인 체계라는 것과, 한·미·일 군사동맹의 맨 하위 동맹자로서 한국의 대일 군사적 종속과 자위대의 한반도 재침략 가능성을 살펴보기로 한다.

마지막으로 주한미군 사드 배치 과정의 불법성을 따져 보고 사드 관련 몇 가지 쟁점들에 대한 오해와 진실을 밝히고자 한다.

2017년 4월
평화통일연구소 고영대

차례

chapter 1

미사일 방어란 무엇인가

chapter 2

미국·일본·한국 MD 역사

chapter 3

사드로 북한 핵·미사일 막을 수 있나

– 사드, 군사적 효용성 없다 •68

chapter 4

사드 배치는 한국의 미국 MD 전면 참여 •80

약 어

ABM Treaty   Anti-Ballistic Missile Treaty   탄도탄요격미사일제한조약

ALTBMD   Active Layered Theater Ballistic Missile Defence
　　　　능동다층전역탄도미사일방어

AN/TPY-2   Army Navy/Transportable Radar Surveillance   지상 배치 X-밴드 레이더

APPAA   Asia-Pacific Phased Adaptive Approach   아시아·태평양에서의 단계적·
　　　　탄력적 접근

BJOCC   Bilateral Joint Operation Coordination Center   미·일 공동통합작전조정센터

BMD   Ballistic Missile Defense   탄도미사일방어

BMDI   Ballistic Missile Defense Initiative   탄도미사일방어계획

BMDO   Ballistic Missile Defense Organization   탄도미사일방어기구

C2BMC   Command and Control, Battle Management, and Communications
　　　　지휘통제전투관리체계

EoR   Engagement on Remote   원거리 교전

EPAA   European Phased Adaptive Approach   유럽에서의 단계적·탄력적 접근

GBI   Ground-Based Midcourse Defense   지상배치요격미사일

GPALS   Global Protection Against Limited Strike   제한적 탄도미사일 방어시스템

GSOMIA   General Security of Military Information Agreement   한·일군사정보보호협정

ICBM   Intercontinental Ballistic Missile   대륙간 탄도미사일

JADGE   Japan Air Defense Ground Environment   일본 자동경계관제체계

JTAGS   Joint Tactical Ground Station   합동전술지상작전통제소

LoR   Launch on Remote   원거리 발사

MDA   Missile Defense Agency   미사일방어청

MEPAA   Middle East Phased Adaptive Approach   중동에서의 단계적·탄력적 접근

NMD   National Missile Defense   국가미사일방어

PSI   Proliferation Security Initiative   대량살상무기확산방지구상

SCM   ROK-US Security Consultative Meeting   한·미안보협의회의

SDI   Strategic Defense Initiative   전략방어계획

SDIO   Strategic Defense Initiative Organization   전략방어계획기구

SDS   Strategic Defense System   전략방어체계

SLBM   Submarine-Launched Ballistic Missile   잠수함발사탄도미사일

SM-3   Standard Missile 3   SM-3 요격미사일

THAAD   Theater High Altitude Area Defense   종말 단계 고고도 미사일방어

TMD   Theater Missile Defense   전역미사일방어

1

미사일 방어란
무엇인가

1. 미사일 방어MD란?

미사일은 크게 탄도미사일과 순항미사일로 나눈다. 탄도미사일은 추진체가 연소될 때 발생하는 힘으로 이륙해 대기권과 외기권에서 포물선 궤도를 그리며 초음속 비행을 하는 미사일을 말하며, 순항미사일은 제트 엔진을 사용해 목표물에 도달할 때까지 대기권에서만 수평으로 음속보다 약간 느리게 비행하는 미사일을 말한다.

일반적으로 순항미사일은 적의 레이더망을 피하기 위해 지표면의 기복을 따라 저고도·저속으로 장시간 날아가는 데 비해, 탄도미사일은 고고도·고속으로 날아가며 순항미사일보다 상대적으로 짧은 시간을 비행한다.

국가나 기관마다 구분하는 방법이 다르지만, 한국 국방부는 탄도미사일을 사거리에 따라 단거리 탄도미사일(800km 이하), 준중거리 탄도미사일(800~2500km), 중거리 탄도미사일(2500~5500km), 장거리 탄도미사일(대륙간 탄도미사일, ICBM, 5500km 이상)로 나눈다.

탄도미사일은 사거리와 관계없이 일정한 포물선 궤도를 그리며 비행하게 되는데, 비행 단계는 이륙 단계→ 중간 단계→ 종말 단계로 구분한다.

이륙 단계는 로켓 추진체의 연료가 연소하는 동안의 비행 단계를 말하며, 동력 비행 단계라고도 한다. 중간 단계는 상승 단계→ 정점→ 하강 단계로, 종말 단계는 종말 고고도(150~100km) 단계→ 종말 상층 단계(100~50km) → 종말 하층 단계(50km 이하)로 세분된다.

MD는 탄도미사일을 방어하기 위한 체계

미사일 방어 체계란 바로 탄도미사일을 방어하기 위한 체계를 말한다. 탄도미사일 방어는 고도 100km 이상의 외대기권에서 요격하는 상층방어 체계와 고도 100km 이하의 내대기권에서 요격하는 하층방어 체계로 크게 나뉜다. 종말 고고도 방어 체계는 종말 상층 단계(내대기권)와 중간 하강 단계(100~150km, 외대기권)에 걸친다.

미국은 단거리·준중거리·중거리 탄도미사일을 방어하기 위한 체계를 전역미사일방어Theater Missile Defense, TMD 체계, 장거리 탄도미사일ICBM 로부터 미 본토를 방어하기 위한 체계를 국가미사일방어National Missile Defense, NMD 체계로 구분하고 있다. 조지 W. 부시 정권 들어 이 두 가지를 통합해 'MD Missile Defense(미사일방어)'라고 불러 왔으며, 전역미사일방어 체계가 국가미사일방어, 국가미사일방어 체계가 전역미사일방어 능력을 갖도록 꾀해 왔다. 하층방어 체계를 전술/전역방어 체계(단거리·준중거리·중거리 탄도미사일), 상층방어 체계를 지역/전략방어 체계(준중거리·중거리·장거리 탄도미사일)로 구분하기도 한다.

미사일 방어 작전 : 공격작전, 적극방어, 소극방어

미사일 방어 작전은 작전 개념에 따라 공격작전, 적극방어, 소극방어로 나눈다.

미사일방어(MD) 개념도

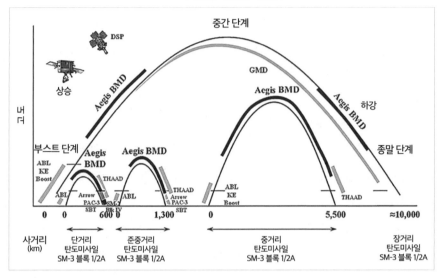

출처 : 미국 미사일방어청(MDA), 2008. 5. 6.

　　공격작전은 지휘·통제 시설과 미사일을 개발하고 생산하는 시설, 군
수시설 등을 공격하거나, 이동 및 발사 준비 중인 발사대 등을 선제 타
격하여 적의 탄도미사일 작전 능력을 무력화하는 것이다. 스텔스 기능
을 가진 F-35 등을 동원해 북한에 대한 선제공격을 감행한다는 한국
군의 킬 체인Kill chain이나 한·미연합사의 4D 작전개념(탐지-교란-파괴-방어,
Detect- Disrupt- Destroy- Defense)이 그것이다. 이처럼 MD는 '미사일방어'라
는 용어와 달리 선제공격을 포함한 매우 공세적인 작전이라고 할 수 있다.
　　적극방어는 자국을 향해 발사된 탄도미사일을 공중에서 요격해 무력
화시키는 것으로, 좁은 의미의 MD다. 탄도미사일의 사거리와 비행 단
계, 즉 부스트 단계(동력 비행 단계), 중간 단계, 종말 단계별로 요격 체계의
특성과 제원을 달리한다.

현재까지는 이륙 단계의 요격 체계를 개발하지 못했다. 탄도미사일은 이륙 단계에서 연료가 불규칙하게 연소함에 따라 가속도 운동이 일정하지 않아 요격하기 어렵기 때문이다. 대륙간 탄도미사일을 중간 단계에서 요격하는 체계로는 미국 알래스카와 캘리포니아에 배치되어 있는 지상배치요격미사일Ground-Based Midcourse Defense, GBI이 있으며, 준중거리·중거리 탄도미사일을 중간 단계에서 요격하는 체계로는 이지스 탄도미사일방어Aegis BMD 체계가 있다.

탄도미사일 방어체계

출처 : 미국 미사일방어청(MDA) 시링 청장 브리핑, 2013. 2. 22.

사드는 탄도미사일을 종말 고고도와 상층에서 요격하는 체계

단거리·준중거리·중거리 탄도미사일을 종말 고고도와 상층(지상으로부터 40~150km 고도)에서 요격하는 체계가 바로 사드THAAD다. 그리고 종말 단계 하층(지상으로부터 15~20km 고도)에서 요격하는 체계가 패트리엇(PAC-2, PAC-3)이다. 프랑스와 이탈리아가 공동으로 개발한 SAMP/T 체계나 이스라엘의 애로우Arrow 체계는 종말 상·하층 방어 체계다.

적극방어에 성공하게 되면 적의 보복공격을 두려워하지 않고 선제공격을 할 수 있게 된다는 점에서 MD는 결코 방어 체계라고 할 수 없다.

이에 비해 소극방어는 벙커나 위장 등으로 아군의 피해를 최소화하는 것으로, 현재로서는 가장 적은 비용으로 큰 효과를 낼 수 있는 탄도미사일 대처 방안이다.

2. 사드THAAD란?

사드는 미국 MD 요격 체계 중 하나로 'Terminal High Altitude Area Defense(종말 단계 고고도 지역 방어 체계)'의 약자다. 사드 체계는 주로 준중거리·중거리 탄도미사일로부터 해외 주둔 미군과 미국의 동맹국을 방어하기 위한 지역 방어 체계의 하나로 개발되었다.

사드는 발사대, 요격미사일, 레이더, 화력통제 및 통신 장비 등으로 구성되어 있다.

사드 요격미사일의 사거리는 200km, 요격 고도는 40~150km, 최대 속도는 마하 8.25(초속 2.8km)로 알려져 있다. 요격미사일은 1단으로 고체연료를 사용하며, 공격 탄도미사일을 직접 충돌해 파괴하는, 이른바 '직격타격Hit-to-Kill' 방식을 택하고 있다. 사드 1개 포대는 보통 6기의 발사대(최대 9기)와 48발(최대 72발)의 요격미사일로 구성된다.

사드 레이더는 AN/TPY-2 X-밴드 레이더로 종말 모드(TM, Terminal Mode, 사격통제용)와 전방배치 모드(FBM, Forward-based Mode, 조기경보용)로 운용된다. 사드 레이더의 탐지거리는 대외비로 공식 발표된 것은 없지만, 종말 모드는 약 1000km, 전방배치 모드는 최대 4600km에 달하는 것으로

사드 체계와 작동 원리

요격 미사일

사드 레이더   화력통제 및 통신장비   발사대

출처 : 록히드마틴

알려지고 있다.

사드 레이더는 8시간이면 종말 모드에서 전방배치 모드로 전환이 가능하다. 하드웨어는 같고 소프트웨어와 통신 체계만 다르기 때문이다. 미국은 모드 변경 작업 없이 종말·전방배치 모드를 모두 수행할 수 있고 탐지거리가 크게 늘어난 개량형 사드 레이더를 개발하고 있다.

미국, 실전 배치 준비 끝난 사드 포대들을 한국·일본 등에 배치

미국은 1990년대부터 사드 개발에 들어가 2008년부터 생산을 시작했으며, 2013년 4월 최초로 괌에 실전 배치했다. 이어 2015년에 아랍에미리트에 사드 포대 1기를 인도하여 2016년 운영에 들어갔으며, 2017년에 1개 포대를 더 인도할 예정이다. 주한미군의 사드 배치로 한국은 전 세계에서 두 번째로 사드를 배치한 나라가 되었다. 미국은 2017년까지 모두 7개 포대를 도입할 계획이며, 실전 배치 준비가 끝난 사드 포대들은 한국(한국군)과 일본 등에 배치될 예정이다.

전방배치용 사드 X-밴드 레이더는 현재 일본(2기), 터키, 이스라엘, 카타르에 배치되어 있다.

사드 1개 포대 가격은 사드 구성 요소를 어떻게 조합하는지에 따라 다르겠지만 약 2조~3조 원에 이르며, 이 중 레이더 가격이 절반을 차지하는 것으로 알려지고 있다.

사드 제작사인 록히드마틴은 사드 시험 성공률이 100%에 달한다고 주장한다. 미 국방부 시링 미사일방어청장도 "사드는 13차례에 걸친 요격 시험에서 모두 성공적으로 표적을 요격했다며 시험 성공률이 100%"(MDA, 2014)라고 밝힌 바 있다. 한국 국방부 역시 사드 성능에 대해 "지금까지 총 11차례의 요격 시험을 모두 성공하여 3000km급 이하의 탄도미사일에 대한 요격 능력을 보유한 것으로 입증"되었다고 주장한다.

미국 내에서도 사드의 성능과 효용성에 의문 제기

그러나 요격 시험은 실전과는 거리가 먼 조건에서 이루어졌다. 요격 시험의 100% 성공이라는 수치는 마치 약속 대련처럼 요격이 성공할 수 있는 조건을 미리 갖춰 놓고 시험 발사한 결과다. 또한 시험 발사가 탄두와 추진체가 분리되지 않은 채, 그것도 수송기에서 투하한 미사일을 표적 삼아 이루어진 경우도 있다.

이에 미 의회 회계감사원GAO의 보고서(2016. 4)는 괌에 배치된 사드가 제때 요격 시험이 진행되지 않아, 중거리 탄도미사일에 대한 사드의 방어력은 아직 검증되지 않았다고 밝히고 있다.

또한 미 국방부 작전시험평가국의 연례보고서(2016. 1)도 사드가 "미사일 발사대 결함, 레이더와 운영자 간 인터페이스 결함 등 2012년에 지적된 39개의 개선 사항 중 여전히 18개의 문제가 해결되지 않은 채 남아 있으며 발사대 문제가 지속될 경우 천문학적 비용 부담을 유발할 것"이라며 사드의 성능과 효용성에 대해 의문을 나타내고 있다.

미국은 현재 사드의 소프트웨어를 업그레이드해 사드 체계의 능력 확장을 꾀하고 있다. 이 소프트웨어는 2.0, 3.0, 4.0, 5.0 등으로 개량되며, 2021 회계연도 2분기까지 작업을 마칠 계획이다. 사드는 소프트웨어 개량으로 레이더와 운영자 간 연동 결함과 같은 체계 내 연동이나 원거리 발사 능력 등과 같은 다른 MD 체계와의 연동 개선을 꾀하고 있다.

또한 록히드마틴은 현 사드 체계보다 사거리와 요격 고도가 각각 3배, 방어 범위가 9~12배에 달하는 사드-ER(확장형 사드)를 개발할 계획이지만 레일건(Railgun, 화약 대신 전자기력을 이용해 탄환을 발사하는 무기) 등과 같은 다른 무기 체계와의 경합으로 개발과 생산에 필요한 예산을 순조롭게 확보할 수 있을지는 불투명하다.

2

미국·일본·한국
MD 역사

1. 미국 MD 역사

          미 본토를 방어하기 위한 미국 MD는 70여 년의 역사를 갖고 있다. 각 시기별로 미국 MD가 어떻게 발전해 왔는지 살펴보는 것은 미국의 전 세계 군사전략과 MD 개념을 정확히 이해하는 데 도움이 될 것이다.

레이건 대통령 이전 시기(1945~1980)

          미 육군은 2차 세계대전 막바지에 독일이 V-2 탄도미사일로 미 본토를 공격할 계획을 갖고 있었다는 사실에 놀라 정부에 탄도미사일을 요격하기 위한 연구 개발을 제의하고 「스틸웰 보고서」를 발간하는 한편, MD 개발을 위한 연구에 착수했다. 그로부터 10년이 지나 미 육군은 나이키 제우스Nike-Zeus라는 MD 체계 개발에 들어갔다. 이 계획은 나이키 엑스 Nike-X, 센티널 Sentinel, 세이프가드Safeguard로 대체되어 1975년 10월 1일, 미국 최초의 MD 체계인 세이프가드를 실전 배치하기에 이른다.
          하지만 이 MD 체계는 운영에 들어간 지 불과 5개월 만에 미 의회의 결정으로 가동이 중지되었다. 소련의 다탄두 대륙간 탄도미사일을 방어하기 어렵다는 등 군사적 효용성에 대한 의문이 제기되었기 때문이다.

세이프가드(그랜드 포크스)

레이건 대통령 시기(1981~1988)

1981년 레이건 대통령이 집권하면서 미국 MD는 새로운 전기를 맞게 된다. 그때까지 지상배치 중심이었던 요격체계를 우주배치 중심의 요격체계로 전격 전환한 것이다. 미국 본토가 소련으로부터 언제라도 '확증 파괴'될 수 있다는 현실을 받아들일 수 없었던 레이건 대통령은 전략방어계획기구SDIO를 발족시키고 소련의 대규모 대륙간 탄도미사일 공격으로부터 미 본토를 지키기 위한 '전략방어계획SDI'과 '전략방어체계SDS'라는 MD 체계 구축에 착수하였다.

전략방어체계는 우주배치 요격체계, 두 종류의 우주배치 센서, 지상배치 요격체계, 지상배치 센서, 전투관리 체계 등 다섯 가지 요소로 구성되었는데, 우주배치 요격체계가 그 뼈대라 할 수 있다.[1] '스타워즈'라

브릴리언트 페블

는 조롱 섞인 별명으로 더 잘 알려진 이 MD 체계는 1987년 'SDS Phase I Architecture'로 구체화되었다. 직격파괴 방식의 요격체 수천 개를 400km 정도의 낮은 궤도에 띄워 소련의 대륙간 탄도미사일을 부스트 단계에서 요격함으로써 미국 전역[2]을 방어하기 위한 것이었다.

그러나 'SDS Phase I Architecture'는 1500억 달러나 되는 천문학적 비용이 들고 소련의 요격에 취약하다는 문제가 제기되어 1989년 '브릴리언트 페블Brilliant Pebble' 요격체로 대체되었다. '브릴리언트 페블'은 수박 크기의 소형으로 소련의 요격으로부터 살아남을 확률은 높아졌으나 무려 4600여 기를 개발, 배치하는 데 드는 비용을 감당할 수 없어 조지 H. W. 부시 정권 때까지 명맥을 이어가다가 클린턴 정권에서 완전히 폐기되었다.

레이건 정권의 '스타워즈' 구상은 ABM 조약 위반

한편 레이건 정권의 스타워즈 구상은 우주배치 요격미사일을 금지하고 영토 전체를 방위하기 위한 미사일 방어망의 설치를 제한한 ABM 조약*을 위반하는 것이었다. 따라서 이 체계를 구축하려면 미국은 ABM 조약에서 탈퇴해야만 했다.[3]

---

* ABM 조약(Anti-Ballistic Missile Treaty) : 탄도탄요격미사일제한조약. 1972년 미국과 소련이 미·소 양국의 전략 탄도미사일 체계의 배치 지역을 두 군데로 제한하는 등 그 규모를 최소화하여 핵 공격에 의한 '상호확증파괴(공포의 균형)'를 보장함으로써 핵전쟁을 막아 보겠다는 취지에서 체결한 조약이다. 1974년 개정으로 배치 지역이 한 군데로 축소되었다. .

만약 스타워즈가 성공적으로 구축된다면 미국은 보복공격에 대한 두려움이 없이 소련을 선제공격할 수 있고, 소련의 제2격(보복) 탄도미사일도 요격할 수 있게 되어 소련의 확증파괴 능력이 무력화됨으로써 미·소의 전략균형이 무너지고 미국 절대 우위의 전략지형이 구축된다.

이러한 이유로 레이건 정권의 전략방어체계는 소련과 서방 세계뿐만 아니라 미 의회와 학계로부터도 "무모한 스타워즈 계획"이라고 비판을 받았다. 우주배치 요격체계는 재정적·기술적으로 무모했을 뿐만 아니라, ABM 조약을 위배하고 대소 전략안정을 무너뜨리려 했다는 점에서도 무모했으며, 군비경쟁과 우주의 군사화와 스타워즈를 야기할 수 있다는 점에서도 무모했다.

조지 H. W. 부시 대통령 시기(1989~1992)

1989년 12월 냉전 종식을 고한 역사적인 몰타 선언으로 냉전체제가 와해되고 미·러 관계가 적대국에서 협력국으로 바뀌는 등 국제전략 환경이 바뀌자, 미사일 방어 계획도 방향 재설정이 불가피해졌다.

전략방어계획의 재검토를 지시한 조지 H. W. 부시 대통령은 1991년 연두교서에서 '제한적 탄도미사일 방어체계GPALS'라는 새로운 형태의 MD 체계를 발표했다.

'제한적 탄도미사일 방어체계'는 스타워즈의 축소판

'제한적 탄도미사일 방어체계'는 새로운 탄도미사일 위협에 대한 평가에 따라 소련의 대규모 탄도미사일이 아닌, 러시아 또는 옛 소비에트 연방 국가들의 우연하고 인가받지 않은 탄도미사일 공격이나 제3세계 국가 또는 테러집단 등 비국가 행위자에 의한 제한적 탄도미사일 공격으로부터 미 본토와 동맹국, 해외 주둔 미군을 보호한다는 명분을 내세웠다.

그런데 '제한적 탄도미사일 방어체계'도 우주배치 요격체계, 지·해상배치 전역미사일방어 체계, 제한적인 지상배치 국가미사일방어 체계 등세 가지 요소로 구성되어 스타워즈의 축소판이라고 할 수 있었다.[4]

조지 W. H. 부시 정권도 SDI처럼 우주배치 요격체계를 '제한적 탄도미사일 방어체계'의 중심 체계[5]로 삼았다. 우주배치 요격체계가 대륙간 탄도미사일로부터 미 본토를 방어하고 중·단거리 탄도미사일로부터 해외 주둔 미군을 방어하는 데 가장 중요한[6] 체계라고 판단했기 때문이다.

미 본토 동서 해안에 배치하는 국가미사일방어 체계[7]와 해외 전략 요충지에 배치하는 전역미사일방어 체계는 우주배치 요격체계를 보완하여 각각 러시아와 중국의 대륙간 탄도미사일 공격과 제3세계 국가의 중·단거리 탄도미사일 공격을 방어하기 위한 주변 체계였다.

이처럼 '제한적 탄도미사일 방어체계'는 냉전체제가 와해된 뒤 미국을 정점으로 한 1초 다극 체제 하에서 미국의 패권을 계속 유지해 나가기 위해 이미 지구적 차원으로 다변화된 탄도미사일 위협에 대처하기 위한 것이었다.

그러나 우주배치 요격체계를 중심으로 하여 한 곳 이상에서 국가미사일방어 체계를 갖추겠다는 '제한적 탄도미사일 방어체계'도 레이건 정권의 '전략방어계획'처럼 ABM 조약을 위반한 것이다. 조지 W. H. 부시 정권은 레이건 정권과 마찬가지로 미국의 패권을 유지·강화하기 위해 ABM 조약을 기꺼이 위반했으며, 한 발 더 나아가 소련에 ABM 조약의 수정을 요구했다.

하지만 '제한적 탄도미사일 방어체계'는 "추가 비용을 고려하지 않고서도 850억 달러"[8]에 달하는 막대한 비용과 우주배치 요격체계보다는 지상배치 요격체계를 우선시한 민주당이 장악한 의회의 벽을 넘지 못함으로써 실현되지는 못했다.

빌 클린턴 대통령 시기(1993~2000)

빌 클린턴 대통령은 '제한적 탄도미사일 방어체계'를 폐기하고 '탄도미사일방어계획BMDI'을 제시했으며, 전략방어기구SDIO를 '탄도미사일방어기구BMDO'로 명칭을 바꾸었다.

전역미사일방어(TMD) 중심의 탄도미사일 방어체계 구축

1993년 5월 '탄도미사일방어기구'는 우주배치 요격체계인 '브릴리언트 페블'을 폐기하고 미국의 MD 체계를 국가미사일방어와 전역미사일방어 체계로 재편했으며, 그 중심에 전역미사일방어를 놓았다. 이는 ABM 조약의 준수를 강조[9]한 클린턴 대통령의 의중이 반영된 것이다.

이에 따라 클린턴 대통령 재임 1기에는 전역미사일방어 체계의 개발·배치와 함께 국가미사일방어 체계를 위한 기술 준비가 이루어졌다.[10] 전역미사일방어 체계 구축은 육·해·공 모든 분야에서 진행되었다. 육군의 패트리엇 체계와 사드 체계, 해군의 이지스 체계, 공군의 에어본 레이저 Airborne Laser, ABL 체계와 같은, 지금의 전역미사일방어의 기본 체계는 클린턴 행정부에서 갖춰진 것이다.

국가미사일방어(NMD) 구축으로 선회, 그러나 끝내 포기

1994년 의회를 장악한 공화당은 새로운 탄도미사일 위협에 대한 평가에 기초해 국가미사일방어망을 구축하고, 이를 위해 ABM 조약을 수정하라고 클린턴 행정부를 압박했다.

이에 클린턴 대통령은 국가미사일방어를 전역미사일방어와 마찬가지로 '배치 준비' 단계로 격상시키고, 1997년부터 2000년까지 3년 동안 개발·실험한 후, 2000년에 배치 결정이 내려지면 2003년까지 배치한다는 이른바 '3+3 계획'을 발표했다.

클린턴 대통령은 재임 2기를 시작하면서 탄도미사일방어기구의 국가미사일방어 획득 전략을 승인하는 한편, 러시아 옐친 대통령과 ABM 조약의 틀 안에서 전역미사일방어의 개발·배치를 허용하는 '구분협정'을 체결[1]하는 등 국가미사일방어 배치와 ABM 조약 준수 여부를 둘러싸고 러시아, 그리고 미 의회와 줄다리기를 했다. 결국 '구분협정'에서 미국과 러시아는 공격용 탄도미사일의 경우 사거리 3500km 이하, 초속 5km 이하, 요격용 탄도미사일의 경우 초속 3km 이하는 ABM 조약 적용 대상이 아니며 전역미사일방어에 해당한다고 합의했다.

그런데 1998년 8월 북한이 3단계 대포동 미사일을 발사하자, 미 본토에 대한 탄도미사일 위협을 강조한 럼스펠드 보고서가 힘을 받게 되었다. 이 보고서는 대포동 미사일 발사보다 불과 2개월 앞서 발표된 것으로, 이에 따라 클린턴 행정부는 국가미사일방어 체계를 배치하는 쪽으로 기울었다.

1999년 1월 20일 코헨 미 국방장관은 국가미사일방어 체계에 대한 배치 결정을 내릴 수 있도록 추가 예산을 요구하는 한편, ABM 조약 개정에도 적극적인 태도를 취하면서 ABM 조약이 개정되지 않을 경우 조약을 탈퇴하겠다는 입장을 내비쳤다.

뿐만 아니라 2005년까지 알래스카에 20기의 지상배치요격미사일과 X-밴드 레이더를 배치하고, 기존의 조기경보 레이더와 우주배치 센서 및 지휘통제 체계를 개량하겠다는 계획을 발표했다. 이 계획은 2007년까지 100기, 2015년까지 250기의 지상배치요격미사일을 배치하겠다는 계획으로 확장되었다.[12]

1999년 5월, "기술적으로 가능한 한 빠른 시일 내"에 국가미사일방어를 구축하라는 「국가미사일방어법」이 제정되었다. 클린턴 대통령은 7월 이 법안에 서명하면서 국가미사일방어 배치 결정 기준을 제시했다. 작전적 효용, 비용 대비 효과, 안보 강화, 국가미사일방어 배치가 가능하도록 하는 ABM 조약의 수정을 포함하여 군비통제 목표 달성에 부합해야 할 것 등[13] 네 가지다.

그러나 2000년 9월, 클린턴 대통령은 국가미사일방어 구축을 다음 정권으로 넘기겠다고 발표했다. 일련의 시험 테스트 실패, 일부 개발 프로그램 지연, ABM 조약 개정을 둘러싼 러시아의 반대, 그리고 영국 등 조기경보 레이더를 배치하는 데 부지를 제공할 동맹국들이 러시아와 ABM 조약 개정에 합의하지 않는 한 국가미사일방어 체계 구축에 반대한다고 나섰기 때문이다.[14]

클린턴 정권, 지구적 차원의 미국 MD 구축 발판 마련

클린턴 대통령은 우주배치 요격체계를 폐기하고 '스타워즈'를 종료시키는 등 MD 체계를 축소시키고 우주의 군사화를 막는 데 일정하게 기여했다. 또한 ABM 조약의 틀 내에서 움직이며 국가미사일방어 구축에 소극적인 입장을 취했으며, 레이건 대통령과 달리 러시아와의 협력 관계를 중시해 상호확증파괴* 전략과 이에 의거한 전략안정이라는 큰 틀을 유지하려고 하였다.

그러나 클린턴 대통령 역시 전역미사일방어 구축에 적극 나서고, 특히 정권 말기에는 국가미사일방어 구축에 적극성을 보이며 ABM 조약 탈퇴를 시사하는가 하면, ABM 조약에 위배되는 국가미사일방어 체계 구축 계획을 세우는 등 MD를 이용해 미국의 패권을 추구하는 행보를 하였다.

그런 점에서 클린턴 대통령의 MD에 관한 입장이 전임 대통령들과 큰 차이가 있다고 보기는 어렵다. 또한 ABM 조약 탈퇴 의사와 국가미사일방어 체계 구축 계획은 조지 W. 부시 정권의 ABM 조약 탈퇴와 보다 확장된 MD 구축 계획의 밑그림을 그려주었다고 할 수 있다.

뿐만 아니라 유엔 결의도 없이 불법적으로 코소보 사태에 개입해 발칸반도의 패권을 장악함으로써 이후 조지 W. 부시 대통령이 추진한 미국의 제3기지(폴란드·체코)와 오바마 대통령이 추진한 '유럽에서의 단계적·탄력적 접근 Phased Adaptive Approach in Europe, EPAA'이라는 미국의 유럽 MD 구축에 동유럽 국가(루마니아·폴란드)들을 끌어들일 수 있게 되는 등 지구적 차원의 미국 MD 체계 구축의 발판을 마련해 주었다.

만약 1차 북핵 위기로 클린턴 대통령이 주도했던 1994년의 한반도 전쟁 위기가 실제로 전쟁으로 비화되었다면, 한반도가 걸프전에 이어 그가 재임 기간에 역점을 둔 미국의 전역미사일방어 체계가 가동된 두 번째 사례가 되었을 것이다.

---

* 상호확증파괴 : 핵무기를 보유하고 대립하는 두 나라가 있을 때, 어느 한 나라가 먼저 핵공격을 받아도 핵전력을 보존해 보복공격을 할 수 있는 경우 둘 다 파괴시키게 되는 상황이 되므로 이론적으로 상호확증파괴가 성립된 두 나라 사이에는 핵전쟁이 발생하지 않는다는 이론. 냉전기 미·소 간 핵 대결이 대표적인 사례다.

한편 클린턴 행정부의 국가미사일방어 배치 비용은 488억 달러[15]로 조지 W. H. 부시 행정부가 추진한 제한적 탄도미사일 방어시스템보다는 크게 줄긴 했으나, 여기에는 600억 달러로 추산되는 국가미사일방어 체계를 위한 우주배치 센서 비용이 빠져 있다.[16]

조지 W. 부시 대통령 시기(2001~2008)

조지 W. 부시 대통령의 집권은 MD 옹호론자들에게는 레이건 대통령과 SDI의 재림과도 같았다. 부시 대통령은 2001년 5월 1일, 국방대학교 강연을 통해 "억제가 더 이상 전적으로 핵 공격 위협에만 토대할 수 없다"며 상호확증파괴 전략을 거부하면서 "공격력과 방어력에 의존하는 새로운 억제 개념이 필요"하고, "방어가 확산 동기를 감소시킴으로써 억제를 강화시킬 수 있다"며 "30년이나 된 낡은 ABM 조약의 제약을 넘어서야 한다"고 주장하였다.

부시 정권의 '새로운 핵전략 3元'

공격력·방어력·군축을 주된 요소로 하는 부시 대통령의 새 전략은 「핵 태세 검토 보고서」에 집약적으로 제시되었다. 「핵 태세 검토 보고서」에서는 부시 정권의 새로운 전략을 수행하기 위해 대륙간 탄도미사일↔폭격기↔잠수함발사탄도미사일로 구성된 과거 냉전시대의 핵전략 3원을 공격력↔방어력↔즉응적 핵 기반 능력으로 구성된 새로운 핵전략 3원으로 대체하였다.

새로운 핵전략 3원 하에서 럼스펠드 미 국방장관은 2002년 1월 2일 비망록을 발표하고 "모든 사거리의 탄도미사일을 모든 단계에서 요격

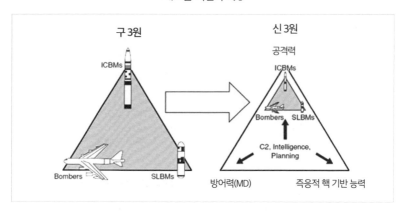

새로운 핵전략 3元

구 3원

ICBMs

Bombers   SLBMs

신 3원

공격력

ICBMs

Bombers   SLBMs

C2, Intelligence,
Planning

방어력(MD)   즉응적 핵 기반 능력

할 수 있는 다층" 미사일 방어망을 구축한다는 지침을 내렸다. 미국의 미사일 방어망 구축 방향을 재정립한 것이다. 아울러 럼스펠드 장관은 새로운 개념의 미사일 방어망 구상을 실현하기 위해 기존의 탄도미사일방어기구를 '미사일방어청MDA'으로 개명하였다.

그러나 "모든 사거리의 탄도미사일을 모든 단계에서 요격할 수 있는" 지상·해상·공중·우주 MD를 구축한다는 것은 ABM 조약 1조, 3조, 5조, 6조, 9조, 10조 등과 정면 충돌할 수밖에 없었다.

먼저 ABM 조약 1조는 영토 전체를 방어하기 위한 ABM 체계, 즉 국가미사일방어망 설치를 금지하고 있으나 MD는 미 본토 전체 방어를 꾀하고 있다. 3조는 6개소의 레이더를 포함해 ABM 체계를 한 지역에만 설치하도록 규정하고 있으나 MD는 알래스카와 노스다코타 두 곳에 ABM 체계를, 셈야에는 미국을 겨냥한 대륙간 탄도미사일을 탐지·추적할 수 있는 X-밴드 레이더 설치 계획을 갖고 있었다. 5조는 해상·공중·우주 및 지상 이동형 ABM 체계의 개발·실험·배치를 금지하고 있으나 MD는 해상·공중·우주 배치 ABM 체계의 개발을 추진하였다. 6조는 ABM 체계 이외의 요격미사일, 발사대, 레이더에 전략 탄도미사일을 방어할 수 있는 능력을 부여하는 것을 허용하지 않으나 MD는 SM-3 요격미사일이나 사드 레이더 등에 전략 탄도미사일을 탐지, 요격할 수 있는 능력을 부여하고 있다. 9조는 ABM 체계를 자국 영토 밖에 배치하거나 이전하는 것을 금지하고 있으나 MD는 동유럽에 제3기지, 곧 국가미사일방어 체계를 구축하려고 했다. 10조는 ABM 체계로 다른 나라를 지키기 위한 국제적 의무를 맡을 수 없도록 금지하고 있으나 MD는 유럽·중동·아태 지역 등의 지역 MD와 지구적 차원의 MD 구축을 꾀했다.

부시 정권, 미사일방어망 구축 위해 ABM 조약 탈퇴

부시 정권은 ABM 조약의 구속에서 벗어나 아무런 제약 없이 국가미사일방어 체계 중심의 MD를 구축하기 위해 2001년 12월 13일 일방적으로 ABM 조약에서 탈퇴하였다. 이로써 30년 넘게 유지되어 온 ABM 조약은 2002년 6월 종말을 고했다.

부시 대통령은 이러한 사전정지 작업을 거쳐 2002년 12월, 새로운 개념의 MD를 구축하기 위해 '국가안보에 관한 대통령 지침-23'을 하달했다. 이 지시에서 부시 대통령은 "전역미사일방어와 국가미사일방어의 구별은 주로 ABM 조약의 산물로서 낡은 것"이라고 규정하고 양자의 "인위적 구별을 제거"했다고 밝혔다. 나아가 2004년까지 "지상·해상 요격미사일과 PAC-3의 추가 배치, 사드와 공중 레이저 체계의 초동 배치, 우주 배치 방어체계의 개발과 시험" 등을 하도록 지시했다.

그리하여 "알래스카에 20기, 캘리포니아에 10기의 지상배치요격미사일을 배치하고, 3척의 이지스함에 20기의 SM-3 요격미사일과 보다 많은 이지스함에 SPY-1 레이더를 장착하며, 새로운 해상배치 X-밴드 레이더를 배치하고, 영국 플라잉데일과 그린란드 툴에 배치된 조기경보 레이더의 성능 향상"[17]에 들어갔다.

이 같은 지침을 현실화하기 위하여 부시 정권은 연간 MD 예산을 이전 정권보다 2~3배나 많은 80억~120억 달러[18]로 늘리고 MD 구축에 박차를 가했다. 그 결과 2004년 9월, 마침내 지상배치요격미사일이 알래스카 포트 그릴리와 캘리포니아 반덴버그 공군기지에 배치되었다. 세이프가드가 폐기된 지 거의 30년 만에 지상배치요격미사일이 다시 배치된 것이다. 부시 정권은 모두 44기의 지상배치요격미사일의 배치를 목표로 하였다.

이와 더불어 2004년부터 이란의 탄도미사일 공격으로부터 미국과 유럽을 보호한다는 명분 아래 10기의 지상배치요격미사일을 폴란드에, X-밴드 레이더를 체코에 배치하려고 하였다.

그러나 오바마 정권이 유럽 지상배치요격미사일 구축 계획을 폐기하고, 체코 정부도 국회 동의에 필요한 표를 확보하지 못할 것을 우려해 2009년 3월 레이더 기지 협정에 대한 국회 심리를 포기함에 따라 유럽 지상배치요격미사일 배치는 수포로 돌아갔다.[19]

미사일방어망 구축으로 미국 우위의 전략적 불안정 구조화

모든 사거리의 탄도미사일을 모든 비행 단계에서 요격하겠다는 목표 아래 부시 정권이 추진한 지구적 차원의 통합 MD[20] 구축은 러시아와 중국, 그리고 유럽 동맹국들의 큰 반발을 불러왔다. 지구적 차원의 통합 MD 구축으로 압도적인 전략적 우위를 점하게 되는 미국이 자국의 이해에 도전하는 국가에 대해서 언제라도 선제공격을 감행할 수 있게 되는 상황을 우려한 것이다.

그럼에도 불구하고 부시 대통령은 주저 없이 역대 어느 대통령도 넘지 못한 상호확증파괴 전략 거부의 문턱을 넘어섰으며, 국가미사일방어망을 최초로 구축했다.

그 결과 MD는 1초 다극의 전략 우위를 다지고 절대안보를 추구하려는 미국의 전략 틀의 한 축으로서 확고히 자리 잡게 되었다. 나아가 MD를 축으로 하여 미국과 일본 등 미국 MD 참여 국가들과 이에 맞서는 러시아·중국·북한 등과의 대결 구도가 형성됨으로써 냉전체제에 이어 미국 우위의 전략적 불안정이 구조화되었다.

오바마 대통령 시기(2009~2016)

오바마 대통령은 국제평화와 군축에 대한 전 세계인의 기대를 한 몸에 안고 당선되었다. 그러나 그도 냉전 이후 역대 어느 대통령 못지않게 핵과 재래식 전력의 우위와 MD 구축에 매달렸다.

무엇보다도 오바마 정권은 부시 정권이 도입한 '신 3원 핵전략'을 그대로 계승했다는 점에서 이전 정권과의 전략상 차이는 매우 제한된다. '신 3원 핵전략'을 계승하는 한 대륙간 탄도미사일과 잠수함발사탄도미사일, 전략폭격기로 구성되는 전략공격 무기와 MD 체계 및 핵무기 기반시설의 강화를 꾀할 수밖에 없기 때문이다.

하지만 오바마 정권은 앞서 설명한 대로 부시 정권이 유럽에 구축하려던 제3기지 건설 계획을 폐기했다. 부시 정권은 체코와 2008년 7월에, 폴란드와는 8월에 관련 협정을 체결함으로써 제3기지 구축이 궤도에 오르는 듯했다. 그러나 오바마 정권의 등장으로 체코가 2009년 3월 협정을 철회하고 2009년 6월 모스크바에서 개최된 미·러 정상회담에서도 러시아가 계속 제3기지에 반대하는 입장을 취하자, 오바마 정권은 결국 제3기지 구축을 포기하고 2009년 9월 새로운 유럽 MD 구축 계획을 발표하기에 이르렀다.

오바마 정권, 새로운 유럽 MD(EPAA) 구축

'유럽에서의 단계적·탄력적 접근EPAA'이라고 불리는 미국의 유럽 MD는 2011년(1단계) - 2015년(2단계) - 2018년(3단계) - 2020년(4단계)에 걸쳐 구축될 계획이다. 지상배치요격미사일을 폴란드에 배치하려던 계획과 달리, EPAA는 이지스 BMD 체계를 중심으로 하는 MD 체계다.

그런데 EPAA 3단계에 배치될 SM-3 블록 2A와 4단계에 배치될 예정이었다가 폐기된 SM-3 블록 2B는 제한적이나마 미 본토를 겨냥한 대륙간 탄도미사일을 요격할 수 있다. 이런 점에서 오바마 대통령의 새로운 유럽 MD 구축 계획은 부시 정권의 제3기지와 본질적으로 다르지 않다. 이에 체코의 한 국방 관료는 "세부 분석에 들어가면 양자(부시 정권의 제3기지와 오바마 정권의 EPAA-필자) 사이에 그다지 큰 차이가 없다"[21]고 주장한 바 있다.

오바마 정권의 MD 정책이 미 본토 방어보다 이지스 BMD를 통한 지역 미사일방어망 구축에 중심을 둠에 따라 부시 정권이 계획했던 44기의 지상배치요격미사일은 30기로 줄어들게 되었다. 이는 오바마 정권이 미 본토에 대한 탄도미사일 위협보다 북한이나 이란 같은 미사일 강국들의 지역 주둔 미군과 동맹 및 우방 국가들에 대한 위협에 더 민감하게 반응했기 때문이다.

그러나 2012년 12월 북한의 장거리 로켓 발사 성공을 계기로 오바마 정권은 미 본토에 배치한 지상배치요격미사일을 30기에서 다시 44기로 늘리고 이를 2017년까지 배치하기로 결정했다. 또한 일본에 두 번째 AN/TPY-2 X-밴드 레이더를 전진 배치하기로 결정하고, 미국 내 제3기지에 대한 환경 연구를 계속해 나가기로 했다. 뿐만 아니라 SM-3 블록 2B 프로그램을 개편하기로 했다.[22] 대신 러시아의 반발을 고려하고 미 본토 배치 요격미사일을 14기 늘리는 데 드는 비용[23]을 충당하기 위해서 EPAA 4단계를 폐기했다.

아태·중동 지역 MD 구축과 미 본토 제3기지 포기

EPAA와 함께 오바마 정권은 2012년부터 아태 지역 MD와 중동 지역 MD 구축에도 나서고 있다. 아태 지역 MD는 한·미·일 MD와 미·일·호 MD를 두 축으로 하여 구축되고 있으나 한·미·일 MD가 그 중심에 있다.

중동 지역 MD는 걸프협력기구GCC 국가들을 중심으로 추진되고 있으며, 일부 국가들의 패트리엇 체계 구입과 아랍에미리트 등의 사드 구매로 진전을 보이고 있다. 그러나 한·일 관계 못지않은 걸프협력기구 소속 국가들 간의 갈등 때문에 진전은 더딘 편이다.

이러한 지역 MD가 결국 미 본토 방어를 위한 것이라는 건 두말할 나위가 없다. 오바마 정권은 "지역 MD가 본토 방어를 위한 대체물은 아니다. 그러나 시간이 지나 만약 지역 국가들이 대륙간 탄도미사일을 개발, 배치함에 따라 미 본토에 대한 위협이 구체적으로 나타나면 지역 방어가 본토 방어를 위한 효과적인 수단이 될 수 있다"[24]고 밝힌 바 있다.

한편 공화당이 장악한 미 의회는 예산까지 배정하면서 20기의 지상배치요격미사일을 배치할 제3기지를 하루빨리 구축할 것을 종용했다. 이에 미 국방부는 동부 연안과 중·북부 5개 지역을 선정하고 부지 평가를 진행했다. 그러나 오바마 대통령은 제3기지 구축은 시기상조이며, 이란과의 핵 협상 타결에 지장을 초래한다는 이유를 들어 반대한다는 성명을 발표했다.[25]

오바마 정권 내내 MD를 둘러싼 갈등

2014년 11월 5일, 레이먼드 오디어노 육군참모총장과 조너선 그리너트 해군참모총장이 당시 척 헤이글 국방장관 앞으로 「탄도미사일 방어 전략의 조정」이라는 서한을 보내 미국의 MD 정책을 전면 재고할 것을 요청했다. '8성 장군 메모'라고도 불리는 이 서한에서 두 사람은 "우리의 구매 기반 전략은 현재의 재정 환경 속에서는 지속 불가능하다"고 주장했다.

이들의 주장은 미사일방어청 관료들 사이에서도 폭넓은 지지를 받고 있는 것으로 알려졌다. 케네스 토도로프 미사일방어청 부국장은 "신뢰하는 역량을 갖는 게 중요하다"며 "구매를 더 적게 하는 대신 더 많은 연구·개발·시험·평가를 해야 한다"며 현재의 MD 요격 체계의 신뢰성에 의문을 나타냈다.[26]

이러한 사실은 MD가 지난 70년 동안 천문학적 재정을 쏟아부으며 연구·개발을 해왔음에도 불구하고 여전히 군사적 효용성에서 믿음을 주지 못하고 있으며, 이제 그 재정적·기술적 한계를 인정하고 정책을 전면적으로 바꾸어야 한다는 뜻이다.

MD를 개발, 운영해 온 군 수뇌부의 MD 회의론을 대변한 이 서한은 미 의회와 군산복합체를 중심으로 한 MD 추진 세력과 일부 행정부 관료와 군을 포함한 MD 회의론자들 사이의 물밑 힘겨루기의 단면이 바깥으로 드러난 것이라고 할 수 있다.

오바마 대통령, 'MD 전도사' 애슈턴 카터를 국방장관에 임명

오바마 정권은 미 행정부와 군 내부의 점증하는 MD 회의론에도 불구하고 지구적 차원의 MD를 구축하기 위해 박차를 가했다. 러시아의 대륙간 탄도미사일을 무력화하기 위한 유럽의 제3기지 구축을 EPAA라는 꼼수로 대체했던 오바마 대통령은 재선을 위해 미국이 유럽 MD에 융통성(MD 축소)을 보일 수 있다는 메시지를 당시 대통령 당선자였던 푸틴에게 보내며 러시아의 협조를 구했다.

하지만 오바마 대통령은 재선된 후에도 유럽 MD를 포함한 지구적 차원의 MD 구축 속도와 규모에서 전혀 융통성을 보이지 않았다. 오히려 동북아 MD를 추진하기 위해 'MD 전도사'로 불리는 애슈턴 카터를 국방장관에 앉히고, 심복인 마크 리퍼트를 주한미국대사로 임명해 일본군 위안부 문제에 대한 한·일 야합을 강제하며 한·미·일 동북아 MD와 군사동맹 구축에 온힘을 쏟았다.

이제 사드가 한국에 배치됨으로써 한국의 미국 MD 참가, 한·미·일 통합 MD 및 군사동맹 구축에 결정적인 진전이 이루어지고, 미국은 이를 토대로 지구적 차원의 MD와 군사동맹 구축이라는 발판을 마련하게 된다. 오바마 정권은 역대 어느 정권도 해내지 못한 동북아 MD 및 다자 군사동맹체 구축의 길을 연 것이다. 동북아와 세계를 다시 냉전 이전의 대결 상태로 되돌리면서….

2. 미·일 MD 협력의 역사

미·일 기업 간 MD 공동 연구

미·일 MD 협력의 역사는 1985년 3월, 당시 캐스퍼 와인버거 미 국방 장관이 일본을 포함한 18개국에 SDI (전략방어계획) 참가를 요구한 것에서 부터 시작되었다. 평화헌법과 야당의 반대로 정부가 직접 SDI에 참가하는 것이 부담스러웠던 나카소네 당시 일본 총리는 5월 레이건 대통령과 가진 정상회담에서 "ABM 조약을 위반하지 않는다"는 등 5개항의 준수와 미·일 기업 간 연구에 참여한다는 입장을 밝혔다.

1986년 9월, 전범 기업 미쓰비시중공업이 일본 정부와 기업에 '일본의 미사일 방어 구상 연구'를 제안하며 미국 기업과의 제휴 가능성을 모색하였다.

1988년 4월에는 '일본의 미사일 방어 구상 연구'가 '서태평양 미사일 방어 구상 연구WESTPAC'로 전환되었다. 같은 해 12월, 미쓰비시중공업과 록히드마틴이 한팀을 이뤄 미 국방성 공개 입찰에 참가해 수주에 성공했다.

그 후 1993년까지 전략방어계획기구SDIO가 약 850만 달러를 들여 WESTPAC을 개최했다. 한편 미국과 일본 정부는 비공식적으로 의견을 교환했다.

WESTPAC에서는 2000~2005년을 목표로 단거리 탄도미사일, 잠수함 발사탄도미사일, 순항미사일 공격으로부터 서태평양 지역을 방어하는 계획을 연구했다. 연구는 러시아의 대규모 공격으로부터 일본 본토와 해상수송로를 방어하는 체계 등 4단계로 진행되었다.

1994년 5월, 마침내 WESTPAC 보고서가 제출되었다. 보고서는 일본이 직면한 탄도미사일 위협으로 북한의 노동미사일을 지적하고 노동미사일의 제한된 공격을 상정할 경우 패트리엇으로만 46. 6%, 사드를 조합할 경우 33%가 관통된다는 시뮬레이션 결과를 발표하였다. 그러면서 3단계의 센서 체계를 구축할 필요성을 강조하면서 사드로 종말 상층을, 패트리엇으로 종말 하층을 방어한다는 구상을 제시하였다. WESTPAC 보고서는 해상배치 요격체계도 제시했으나, 사드 배치를 강조한 것이 특징이다.

미·일 정부 간 탄도미사일 방어 공동연구

1993년 5월에 실시된 북한의 노동미사일 시험 발사는 미·일 간의 MD 협력에 큰 영향을 미쳤다. 그해 12월, 미국과 일본은 정부 간 'TMD(전역미사일방어)에 관한 미·일 워킹그룹'을 설치함으로써 그동안의 기업 간 연구의 문턱을 넘어섰다. 그러나 이 역시 연구에 한정하고 개발·배치와는 거리를 두었다.

1994년 9월, 'TMD에 관한 미·일 워킹그룹' 산하에 '미·일 탄도미사일 방어 공동연구'를 설치하고 미·일 탄도미사일 방어 공동연구에 들어갔다. 1995년 4월에는 방위청 산하에 '탄도미사일방어연구실'을 신설했다.

1996년 4월부터 일본은 미국으로부터 탄도미사일 발사 지역과 시각, 낙하 예상 지역과 시각을 분석한 조기경계경보를 제공받고 있다.[27]

북한의 대포동 1호 발사, 미·일 MD 협력의 분수령

1998년 8월 31일, 북한의 대포동 1호 발사는 미·일 MD 협력의 또 하나의 분수령이 되었다. 그해 12월 25일, 일본은 1999년부터 미국과 공동으로 해상배치 상층방어 체계의 기술 개발에 착수하기로 결정한 데 이어, 일본 방위청이 미국과 공동으로 해상배치 상층 요격미사일 기술 연구에 착수했다. 이와 관련해 일본 정부는 이 연구가 '우주 평화 이용에 관한 국회 결의'나 '무기수출 3원칙'에 저촉되지 않는다는 담화를 발표했다.

한편 미 국방성은 1999년 4월, 의회에 「동아시아 TMD 구상에 관한 보고서」를 제출했다. 이 보고서는 ① PAC-3 100기 이상, ② 사드 6개 포대 또는 사드 4개 포대와 상층용 레이더 3기 ③ SM-3 블록 1 장착 이지스함 4척 ④ SM-3 블록 2 장착 이지스함 1척 등 네 가지 선택지를 제시하고 있다. 그러면서 PAC-3는 '비실용적'이며 사드보다는 이지스 체계가 우월하다는 견해를 밝혔다. 일본은 이 보고서의 내용을 받아들여 '2001~2005년 중기 방위력 정비계획'에 해상배치 요격미사일을 장착할 수 있는 신형 이지스함 2척을 도입하는 계획을 세웠다.

2003년 12월 19일, 일본 정부는 마침내 탄도미사일 방어체계를 도입하기로 결정했다. 일본이 보유 중인 이지스 구축함과 PAC-3의 성능을 개량해 이를 통합 운용한다면 MD 체계를 구축할 수 있다는 결론을 내리고, MD 체계가 전수방어를 근간으로 하는 일본의 방어 정책에 부합한다는 입장을 취했다.

일본, 북한의 핵보유 선언 이후 MD 체계 구축에 박차

2005년 2월 10일, 북한의 핵보유 선언은 일본이 MD 구축에 박차를 가하는 또 한 번의 계기로 작용하였다. 2월 15일, 일본 정부는 미사일 방어 체계를 도입하기 위해 각의에서 개정 자위대법을 결의하였다. 6월 22일과 7월 22일에는 탄도미사일의 요격 절차를 성안한 개정 자위대법이 중의원과 참의원을 통과했다. 이로써 2007년 봄부터 배치되는 탄도미사일 방어체계에 관한 법적 정비가 완료되었다.

2005년 12월 15일, 일본 정부는 SM-3 블록 2A 요격미사일을 미국과 공동으로 개발하기로 결정하고 2006년부터 개발에 들어갔다. 2007년에는 PAC-3를 배치하기 시작했으며, 이지스함의 SM-3 요격미사일 시험 발사도 이루어졌다.

2011년 6월 21일, 미국과 일본은 외교·국방장관회의에서 SM-3 블록 2A 요격미사일을 제3국으로 이전하기로 합의했다. 단, 그 조건을 "또 다른 이전을 방지하기 위한 충분한 정책을 보유하고 있는 때"로 한정했다. 이는 SM-3 블록 2A 요격미사일을 도입하게 될 제3국에 관련 군사정보 보호협정의 체결을 요구하는 것이라고 할 수 있다.

미·일 MD 협력, MD 정보 공유와 작전 및 훈련으로 확대

미·일 MD 협력은 MD 정보 공유와 작전 및 훈련으로 확대되고 있다. 2005년 10월, 일본은 미국의 X-밴드 사드 레이더 배치를 허용하고, 항공자위대의 항공총대사령부와 자동경계관제체계JADGE를 도쿄도 후추 시에서 요코다 미 공군기지로 옮기기로 미국과 합의했다. 이어 미국 위성이 탐지한 정보와 조기경보를 일본의 지상 레이더 정보와 교환하기로 합의했다.

2007년 3월, 미국과 일본이 '합동전술지상작전통제소JTAGS'를 혼슈 미사와 공군기지에 설치하기로 합의하였다. 1990년대 말부터 운영되기 시작한 '합동전술지상작전통제소'는 전술 탄도미사일 발사 지점과 예상 타격 지역에 대한 즉각적이고 정확한 정보를 DSP 위성(주로 대륙간 탄도미사일을 탐지하기 위해 1970년대부터 운용을 시작한 미국의 조기경보 위성)으로부터 직접 받아 처리하고, 그 경보·경계·지시 정보 및 위치와 속도를 지휘통제센터에 전파하기 위한 전역 자산으로 2007년 10월에 배치되었다. DSP나 SBIRS(DSP를 대체할 우주배치 적외선 위성) 위성이 조기 탐지한 발사 정보를 X-밴드 레이더로 보내면 X-밴드 레이더가 탄도미사일을 탐지, 추적해 요격미사일을 유도하는 것이다. 또한 이 정보는 요코다 미 5공군기지와 일본 방위성에도 전송된다.

2007년 5월 1일, 미국과 일본은 워싱턴에서 개최된 외교·국방장관회의에서 "후추 기지의 자동경계관제체계와 요코다 기지의 미 5공군 본부를 영구히 연동"시키기로 했다고 확인하였다.[28]

이어서 5월 15일에는 항공총대사령부와 일본의 지상 레이더 상황실을 요코다 미 5공군 본부로 재배치하기 위한 미국과 일본의 '마스터플랜'이 체결되었다. 여기에는 미·일 간 조정과 상호운용성, 정보 공유를 보장하기 위한 '미·일 공동통합작전조정센터BJOCC' 설치 계획도 포함되어 있다. 그 결과 '미·일 공동통합작전조정센터'는 DSP와 SBIRS 위성의 정보를 콜로라도 우주사령부와 미사와 기지의 '합동전술지상작전통제소'로부터 직접 전송받을 수 있게 되었다.

2012년 말, 항공자위대의 현대화된 자동경계관제체계 레이더와 강화된 시진트(SIGINT, 비밀 정보 수집) 능력이 요코다 미 5공군기지로 통합되었고, 미 공군의 DSP/SBIRS 및 X-밴드 레이더 정보 자료와 교환할 수 있게 되었다.[29]

2012년 3월 26일에는 항공총대사령부가 요코다 기지로 이전되고 미 5공군 지휘체계와 통합되어 '미·일 공동통합작전조정센터'가 운용되기 시작했다.

2014년에는 미국의 두 번째 X-밴드 레이더가 교토 부 교탄고 시 교카 미사키에서 운영에 들어갔다.

이러한 과정을 거쳐 미·일 두 나라는 통합 MD 구축을 위한 정보 공유와 공동작전 수행을 위한 체계 구축을 마무리하였다.

미국과 일본의 공동 MD 훈련 강화

미국과 일본의 공동 MD 훈련도 강화되고 있다. 일본은 미 전략사령부가 2008년부터 실시해 온 '님블 타이탄Nimble Titan'이라는 MD 워게임 훈련에 참여하고 있다. 이 훈련에는 한국, 호주, 나토 회원국들을 비롯해 20여 개국이 참가하고 있다.

미국과 일본은 2008년부터 두 나라의 이지스함을 연동해 탄도미사일 탐지·추적 정보 교환과 분석 훈련을 해오고 있다. 이 훈련은 일본 최초의 이지스 BMD함인 콩고함이 SM-3 요격미사일을 장착한 것을 계기로 동해에서 실시되었다.

미국과 일본은 또한 'Keen Edge'라 불리는 연례 MD 지휘연습을 해왔으며, 탄도미사일 방어 모의실험도 하고 있다. 2010년부터 실시되고 있는 한·미·일 탄도미사일 경계연습인 '태평양 드래곤Pacific Dragon' 연습은 2016년에는 하와이 인근 해역에서, 올 1월과 3월에는 한국과 일본 해역 등에서 실시되었다.

그런데 일본에 배치된 미국 이지스 BMD함들이 오로지 미국을 방어하기 위한 훈련에 참여하는 것은 미·일 안보조약에 위배된다는 주장이 나오고 있다. 일본의 핵문제 전문가 우메바야시 히로미치梅林宏道는 「요코스카를 모항으로 하는 미 해군 이지스 구축함들의 북한 미사일 시험 발사에 대한 미사일 방어 대응」(2006. 5)이라는 글에서 이 이지스함들이 샤리키의 X-밴드 레이더를 중간 지점으로 하여 동해와 태평양 수역에 탄도미사일 방어 작전 구역을 설정하고 일본이 아닌 미국 방어만을 위한 MD 훈련을 실시한 것은 일본 방어를 명시한 미·일 안보조약 5조와 극동 방어를 명시한 6조 위반이라고 주장했다.

일본이 2차 세계대전 후 군대 보유와 교전권을 부정한 평화헌법과 전수방어 원칙을 견지해 오고 있다는 점에서 미·일 안보조약은 미국의 일본 방어 의무만을 규정한 편무 조약이라고 할 수 있다. 이런 관점에서 본다면 일본 방어를 위해 일본에 배치된 미 해군 이지스함들이 미군 방어만을 위한 훈련에 참가하는 것은 미·일 안보조약에 위배된다는 주장은 타당성이 있다고 하겠다.

그러나 미·일 연합작전의 지휘통제체계는 병렬형으로, 한미연합사의 통합형 지휘통제체계와는 크게 다르다. 미국과 일본은 1997년 '미·일방위협력지침(가이드라인)'을 개정, '조정 메커니즘BCM'를 설치해 미·일 지휘통제 구조의 조정 기능 개선을 꾀했다. 하지만 이 기구는 일본에 대한 무력공격과 주변사태가 발생했을 때만 가동되는 비상설 기구로 이제까지 한 번도 가동된 적이 없다. 따라서 미·일 동맹 세력은 BCM이 평시부터의 긴밀한 작전 조정 요구를 충족시키지 못한다고 비판해 왔다.

2015년 4월 개정된 '미·일방위협력지침 2015'는 동맹 세력의 요구를 반영해 BCM 대신 '동맹조정 메커니즘ACM'을 설치하고 이를 상설화해 이른바 '회색지대'에 대응하기 위해 평시부터 긴밀한 작전 조정을 꾀해 나가기로 했다.

이 동맹조정 기구가 유사시 MD 정보·작전 분야로 한정된 현재의 미·일 통합 지휘통제체계를 육·해·공의 모든 작전 분야로 확장하게 되면 미·일 연합 지휘통제체계는 지휘 영역만 병렬형일 뿐 작전 영역은 미·일 통합 형으로 되어 사실상 한·미연합사의 지휘통제체계와 다를 바 없다.

일본, 미국에 이어 세계 2위의 MD 전력 보유

일본 해상자위대는 SM-3 미사일이 탑재된 이지스함 4척을 보유하고 있으며, 2019년까지 2척의 구축함을 탄도미사일 방어 능력을 갖도록 업그레이드하고, 추가로 이지스 BMD 구축함 2척을 더 구매할 예정이다.[30] 또한 일본은 PAC-3 18개 포대와 발사대 36기를 보유하고 있다. PAC-3는 요격 고도와 사거리가 기존의 PAC-3보다 두 배에 달하고, 순항미사일이나 항공기도 동시에 요격할 수 있는 PAC-3 MSE로 성능을 개량할 계획이다.[31]

한편 일본은 최신 개량형 FPS-3 17기와 FPS-5 레이더 4기 등 총 21기의 지상 레이더를 배치해 놓고 있다.[32] 또한 이들 지상 레이더의 탐지·추적 능력을 강화하기 위해 자동경계관제체계의 성능을 개량하고, 지상 레이더의 성능을 향상시키기 위해 PSB-7 지상 고정용 레이더를 자체 개발할 계획이다. 나아가 2010년대 후반에는 우주배치 조기경보 체계의 배치를 고려 중이다.

이처럼 일본은 미국의 동맹 국가들 중에서 가장 이른 시기에, 가장 적극적으로 미국과의 MD 연구·개발에 참여하고 미국산 MD 무기 체계를 적극 도입함으로써 미국에 이어 세계 2위의 MD 전력을 갖춘 나라가 되었다.[33]

3. 한·미 MD 갈등과 협력(?)의 역사

전두환-노태우-김영삼 정권 : 미국의 눈치를 보던 시기

한·미 간 MD 갈등과 협력의 역사는 미·일 간 MD 협력의 역사와 달리 갈등이 주를 이루고 있다. MD 관련 한·미 정부 간 줄다리기는 전두환 정권으로까지 거슬러 올라간다.

1983년 전략방어계획SDI 발표를 통해 우주배치 요격체계 중심의 MD 체계 구축을 천명한 레이건 정권은 영국·서독·프랑스 등 유럽 나토 동맹국들과 한국·일본·호주 등 아태 지역의 동맹국들에게 와인버거 국방장관 명의의 편지(1985. 3)를 보내 SDI에 참가할 것을 요구했다.

그러나 당시 전두환 정권과 대다수 국내 안보 전문가들은 북한이 이미 스커드 B 미사일 등을 보유(1984)하고 있었음에도 불구하고, 재래식 전력의 위협에 대처해야 한다는 이유로 미국을 겨냥한 소련의 대륙간 탄도미사일 등 최첨단 탄도미사일을 방어하기 위한 SDI 참가에 부정적 입장을 취했다. 프랑스·서독을 중심으로 한 나토 유럽 회원국들과 호주 등도 SDI 참가에 부정적이었다.[34]

한국은 미국의 요구에 밀려 두 차례나 미국에 조사단을 파견했으나, 미국의 계획이 구체화되면 그때 가서 참여하는 것이 바람직하다는 유보적 입장을 취했다. SDI가 더 이상 구체화되지 못하고 중단됨에 따라 한국의 MD 참여는 더 이상 추진되지 않았다.[35]

노태우 정권 때도 미국은 한국의 MD 참여와 공동 연구를 제안했다. 당시 조지 H. W. 부시 대통령은 1991년 연두교서에서 SDI 체계의 축소판이라 할 수 있는 '제한적 탄도미사일 방어체계GPALS'라는 새로운 형태의 MD 체계를 발표하고 한국의 참여를 요구했다. 그러나 당시에도 한국의 미국 MD 참여에 대한 국내의 공감대가 형성되지 않았으며, 한국 정부 역시 구체적인 입장을 내놓지 않아 별다른 진전은 없었다.

김영삼 정권, 자주성 훼손 우려로 미 MD 참여에 모호한 입장 견지

1993년 등장한 클린턴 정권은 레이건 정권의 SDI를 최종 폐기하고 '국가미사일방어NMD'보다는 '전역미사일방어TMD'에 중점을 두는 새로운 MD 구축안을 마련하고 한국의 참여를 요구했다. 이에 따라 1993년 10월, 한국의 미국 TMD 참여 문제를 놓고 한·미 간에 협의가 진행되었다.

그러나 김영삼 정권은 TMD 참여 필요성은 인정하면서도 자주성이 훼손될 수 있다는 우려에서 참여 결정을 내리지 않았다.[36] 북한이 스커드 B에 이어 스커드 C를 개발(1989)하고 노동미사일을 시험발사(1993. 5)하였지만, 김영삼 정권은 끝까지 미국 MD 참여에 모호한 입장을 견지하였다.

김대중-노무현 정권 : 미국에 맞선 시기

1999년 4월 클린턴 정권 말기, 공화당이 의회를 장악한 가운데 미 국방성은 의회에 제출한 「동아시아 TMD 구상에 관한 보고서」를 통해 지상배치 종말 하층방어 체계(패트리엇)와 지상배치 종말 고고도 방어 체계(사드), 해상배치 상·하층방어 체계 등을 조합한 다섯 가지의 한국 TMD 체계를 제시하였다. 이 중에서 현재의 사드 한국 배치를 둘러싼 갈등과 관련 있는 내용만 소개하면 다음과 같다.

먼저 지상배치 종말 하층방어 체계만을 배치하는 안은 남한의 주요 자산을 보호하는 데만 모두 25개의 패트리엇을 배치해야 하며, 보다 많은 지역과 주민을 보호하기 위해서는 더 많은 패트리엇 포대를 배치해야 한다는 것이다. 사드와 패트리엇 체계를 조합하는 안은 4개의 사드 포대와 7개의 패트리엇 포대를 배치하는 것이다. 또 다른 안은 해상배치 상층방어 체계와 지상배치 하층방어 체계를 조합한 것으로 이지스함 한 척과 25개 패트리엇 포대, 만약 이지스 요격미사일이 개량되어 속도가 빨라질 경우 이지스함 한 척과 19개 패트리엇 포대를 배치하는 것이다.

그러나 이 보고서가 나오기 직전에 김대중 정권의 초대 국방장관 천용택 장관은 "TMD의 전력화는 북한 (탄도)미사일에 대한 효과적인 대응 수단이 아니며, 주변국의 우려를 불러일으킬 수 있"고 "한국은 TMD에 참여할 경제력과 기술 능력이 없다"[37]며 한국의 자체 MD 체계 구축과 한국의 미국 MD 참여에 반대한다는 입장을 명확히 밝혔다. 또한 북한이 최초로 장거리 로켓(대포동 1호)을 시험 발사(1998. 8. 31)했음에도 불구하고 북한의 탄도미사일의 정확성이 떨어져 남한에 군사적으로 위협이 되지 않는다고 밝혔다.[38] 이전 정권들이 미국 MD 참여에 모호한 입장을 취했다면 김대중 정권은 반대한다는 입장을 명확히 밝힌 것이다. 이로 인해 한국의 MD 구축과 미국 MD 참여 문제로 한·미 양국 정부는 크게 대립하였다.

김대중-푸틴, 공동성명에서 MD 반대 입장 표명

김대중 정권의 MD 반대 입장은 2001년 2월 27일 발표된 러시아 푸틴 대통령과의 공동성명에도 반영되었다. 5항에서 "대탄도미사일조약ABM Treaty'은 전략적 안정의 초석이며 핵무기 감축 및 비확산에 대한 국제적 노력의 중요한 기반이라는 데 동의"한다는 입장을 밝힌 것이다.

그러자 MD를 미국 핵전략의 한 축으로까지 자리매김하고 MD 구축에 본격적으로 나선 부시 정권은 이 공동성명을 한국이 미국 MD를 반대하는 것으로 받아들이고 김대중 정권에 압력을 행사해 외교통상부 장·차관이 사퇴하고 김대중 대통령이 미국 방문 길에 여러 차례 유감 표명을 해야 하는 등 큰 수모를 겪어야 했다. 그럼에도 불구하고 이후에도 김대중 정권의 미국 MD 불참 입장은 변함이 없었다.

그러나 김대중 정권은 부분적으로 미국의 요구를 받아들이는 정책을 펴기도 했다. 다름 아닌 해군의 세종대왕급 구축함 도입을 허용함으로써 이후 한국이 MD 구축에 나설 수 있는 자락을 깔아준 것이다. 세종대왕급 구축함은 비록 김영삼 정권에서 처음으로 합동군사전략목표기획서JSOP에 소요가 반영되었으나 작전요구성능ROC은 김대중 정권 하인 2000년 6월 29일 합동전략회의에서 결정되었다. 당시 김대중 정권은 북한과 중국, 러시아와의 관계를 의식해 요격미사일의 장착을 금지시켰으나 '베이스라인 7.1'이라는 당시로서는 최신의 사격통제체계와 SPY-1D 레이더의 장착을 허용함으로써 이후 한국이 미·일과 MD 연합훈련을 실시하고 SM-3 요격미사일을 도입할 수 있는 조건을 만들어 주었다. 세종대왕급 구축함에 장착되어 있는 MK 41 발사대는 4종의 SM-3 요격미사일을 모두 발사할 수 있다.

현재와 미래의 이지스 BMD 전력

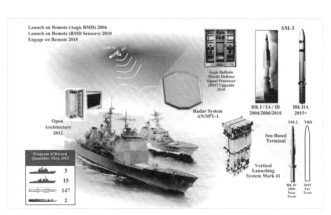

출처 : 미국 미사일방어청(MDA), 2008. 5. 6.

그럼에도 불구하고 한국군 MD 전력 도입과 미국 MD 참가를 거부한 김대중 정권의 정책은 이후 정권들과 국민이 미국 MD 참여에 반대하는 입장을 취하도록 하는 데 크게 기여하였다. 이는 한국이 국방 예산을 군사적 효용성이 없는 MD 구축에 소모하고 미국에 군사적으로 더 예속되는 것을 막기 위해서였다. 또한 한국이 MD 체계를 구축하고 미국 MD에 참여하게 되면 냉전 와해와 수교로 우호관계를 회복한 러시아나 중국과의 관계가 다시 악화하고, 2000년 6·15 공동성명 채택으로 분단 이후 최초로 공존·공영과 통일 지향적 관계로 탈바꿈한 남북 관계가 다시 적대적인 대결 관계로 돌아가는 등 국방·외교 정책과 남북 관계가 전면 후퇴함으로써 국가와 민족의 진로에 커다란 장애가 조성되는 것을 방지하기 위한 것이기도 했다.

노무현 정권, 한국형 MD 구축 시도

그러나 노무현 정권이 들어선 후 국방부 내에서 점차 한국의 미국 MD 참여와 이른바 '한국형 MD KAMD'를 구축해야 한다는 입장이 고개를 들기 시작하였다. 북한이 핵보유 선언(2005. 2. 10)을 하고, 비록 실패했지만 장거리 로켓(대포동 2호, 2006. 7. 5)을 시험 발사한 데 이어 최초로 핵실험(2006. 10. 9)까지 단행한 것이 명분으로 작용하였다. 이에 노무현 정권은 미국 MD 참여에는 반대한다는 입장을 고수하면서도 한국의 독자적인 MD 구축에 발을 내디딤으로써 이후 정권들이 미국 MD에 참여하는 길을 열어 주었다.

2005년 7월, 노무현 정권은 독일과 PAC-2 구매 협상에 들어갔다. 그해 12월에는 M-SAM의 소요를 결정하고 러시아와의 기술 협력을 통해 한국 자체의 종말 하층 요격 체계(M-SAM 체계) 개발에 착수했으며, 2020년 실전 배치할 계획이라고 밝혔다.

2006년, '합참의장 지휘지침서'에 최초로 조기경보 레이더와 패트리엇 요격 체계를 기본으로 하는 '한국형 MD'라는 한국의 독자적인 탄도 미사일 방어 체계 구축 계획을 포함시켰다.

2006년 11월, 국방연구원은 「북한 핵보유 시 국방정책 방향」이라는 비밀 보고서를 국방부에 제출하였다. 이 보고서는 북한의 핵미사일을 방어하고 미국 MD 기술을 제공받기 위해 한국이 미국 MD에 참여해야 한다는 입장이다.

이렇듯 노무현 정권은 미국 MD에 참여하지 않는다는 입장을 견지하였다. 그러나 이른바 '한국형 MD' 체계의 구축을 계획한 것은 김대중 정권과 달리 한국의 독자적인 MD 체계 구축 필요성을 받아들인 것으로 되어 이후 한국 MD와 미국 MD와의 계선이 무너지고 한국이 미국 MD에 참여할 수 있도록 멍석을 깔아주는 셈이 되었다.

이명박-박근혜 정권 : 미국을 추종한 시기

북한이 은하 2호(2009. 4. 5)를 시험 발사하고 2차 핵실험(2009. 5. 25)을 단행한 상황에서 천안함 사건(2010. 3. 26)과 연평도 포격전(2010. 11. 23)까지 터지자, 이명박 정권의 MD 정책은 선제공격을 포함한 대북 전략과 전력의 공세성 강화, 미·일 연합 MD 훈련 참여로 나타났다.

2008년 11월, 이명박 정권은 최초로 패트리엇 1개 대대를 전력화한 데 이어, 2009년 2월 추가로 패트리엇 1개 대대를 전력화했다. 당시 패트리엇의 지휘통제 장비는 미국에서 구입했으며, 현재 PAC-3로 업그레이드 중이다.

2008년 12월, 세종대왕급 이지스 구축함 1번함이 최초로 현대중공업에서 해군에 인도되었다. 2번함은 2009년 8월, 3번함은 2012년 8월에 인도되었다. 이 구축함들은 요격미사일을 장착하고 있지는 않다.

2009년 9월, 이명박 정권은 한국형 MD 구성 요소의 하나인 탄도미사일 탐지 레이더로 이스라일 엘타ELTA 사가 제작한 슈퍼그린파인 블록 B Green Pine Block-B 레이더를 도입하기로 결정하고, 2012년 12월과 2013년 2월에 각각 1기씩 실전 배치했다. 이 레이더는 30개 이상의 표적을 탐지·식별·추적할 수 있으며, 탐지거리가 900km에 달해 중국 동북부 지방까지 탐지가 가능하다.

2010년 5월에는 '한국형 사드'로 불린 L-SAM의 소요를 결정(246차 합동참모회의)하고 개발에 착수해 2015년 12월 탐색 개발에 들어갔으며, 2023~2024년에 실전 배치할 예정이다. L-SAM은 요격 고도가 40~60km로 종말 상층 요격 체계로 알려져 있으나 국방부에 확인(2015. 10)한 결과 요격 고도가 150km에 이르는 것으로 파악되고 있다. 국방부는 그동안 L-SAM을 종말 상층 체계로 개발하겠다고 강조해 왔지만 은밀히 종말 고고도 체계로 개발하고 있는 것이 아닌가 하는 의구심을 갖게 한다.

2010년 12월, 이명박 정권은 미국의 확장억제전략(2007년 최초로 남한에 적용)을 한편으로 하는 한국군 독자의 공세 전략으로서 '적극적 억제전략'을 발표했다. 또한 2010년부터는 한·미·일 연합의 '태평양 드래곤' MD 훈련에도 참가하고 있다.

2011년에는 미국 전략사령부가 주관하는 '님블 타이탄'이라는 MD 훈련에 옵서버로, 2012년부터는 참가국으로 참여하고 있다. 그러나 이 한·미·일 MD 연합 훈련은 남한 방어와는 관계없는 훈련이라는 점에서 한국의 미·일 MD 참여를 유도하기 위한 훈련이라는 의문을 갖게 한다.

2012년 10월, 이명박 정권은 '한·미 연례안보협의회의'에서 이른바 '맞춤형 억제전략'을 도입하기로 미국과 합의하고 그 중심축으로 이른바 '킬체인'을 도입하기로 했다. 킬체인이란 한마디로 북한이 핵미사일로 남한을 공격할 징후만 보이더라도 이를 조기에 포착하여 선제공격을 하는 한국형 MD 공격작전과 전력 체계를 말한다.

이렇듯 이명박 정권은 스스로를 친미정권이라 부르며, 한·일군사정보보호협정을 체결 직전까지 몰아붙이고 역대 정권 최초로 미 전략사령부가 주관하는 다자간 MD 훈련과 한·미·일 연합 MD 훈련을 전개하는 등 공세적 대북 MD 전략과 전력을 도입하고 훈련을 강화했다.

그러나 MD 체계 구축은 노무현 정권이 확정한 한국형 MD의 틀을 벗어나지는 않았으며, 미국의 사드 레이더 백령도 배치 요구를 거부하는 등 미국 MD 참가의 문턱을 넘지 않았다.

킬체인 체계도

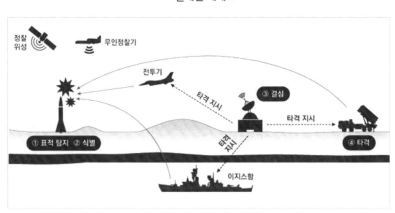

출처 : 2014 국방백서

박근혜 정권, 주한미군의 사드 배치 허용

박근혜 정권이 들어선 뒤 한국의 MD 구축과 미국 MD 참여는 질적 변화를 겪게 된다. 미국 MD 참여와 한·미·일 통합 MD 체계 구축의 계선을 끝내 넘어선 것이다.

2013년 5월 8일, 박근혜 정권은 워싱턴 한·미 정상회담을 앞두고 오바마 정권에 PAC-3 요격미사일을 미국으로부터 직도입하겠다는 선물을 주었다. 정상회담 후 가진 기자회견에서 오바마 대통령은 "(한·미 양국은) 방어 역량과 기술, 미사일 방어 체제에 투자하고 있으며, 이는 양국군의 공동 운용을 가능하게 하고 있다"고 밝혀 한국의 미국 MD 참여를 시사하기도 했다.

2014년 10월, 박근혜 정권은 제46차 한·미 연례안보협의회의에서 대북 MD 작전으로 '포괄적 미사일 대응 작전 개념 및 원칙'을 수립하기로 합의했다. 그리고 2015년 11월 열린 제47차 한·미 연례안보협의회의에서 이를 '4D 작전개념(탐지-교란-파괴-방어)'으로 정식화하고 이행지침을 승인했으며, 이를 '작전계획 5015'에 반영하기로 했다. '4D 작전개념'은 한·미 공동의 대북 선제공격 작전이라고 할 수 있다.

2016년 2월 1일부터 5일까지 실시된 '님블 타이탄-16' MD 훈련에서는 북한의 잠수함 탄도미사일 발사를 가정해 한국과 일본이 같은 편을 이뤄 정보를 공유하고 평가했으며, 동시에 공격작전도 긴밀히 협의한 것으로 알려졌다.[39] 당시 한국과 일본이 한편을 이룬 것에 대해 한·일군사정보보호협정 체결을 위한 사전 포석이라는 해석도 있었다.

7월 8일, 박근혜 정권은 끝내 주한미군의 사드 배치를 허용하기로 결정했다. 한·미·일 통합 MD 구축과 한국의 미국 MD 참여의 서막을 알리는 결정이었다. 박근혜 정권은 북한의 5차 핵실험(2016. 1. 6)과 장거리 로켓(광명성 4호) 발사(2016. 2. 7)를 명분으로 내세웠으나 장거리 로켓이 남한 타격용이 아니라는 점에서 설득력이 없다.

11월 23일, 박근혜 정권은 전격적으로 한·일군사정보보호협정을 체결했다. 이는 미국과 일본의 강압에 의한 것으로, 한·미·일 통합 MD 구축을 위한 제도적 장치라고 할 수 있다.

2016년 말에는 한국군 연동통제소KICC와 주한미군 연동통제소JICC를 링크 16(데이터 공유 체계)으로 연동함으로써 한국군 TMO-Cell(탄도탄 작전통제소)과 주한미군 TMO-Cell 간 정보 공유 체계가 연동되었다. 미국의 탄도미사일 탐지 위성(DSP·SBIRS 등)이 획득한 정보도 주한미군 연동통제소로 전송되어 한국군에 제공되는 것으로 알려지고 있다. 이로써 한국군 TMO-Cell은 미 전략사령부와 태평양사령부의 말단 하부 체계로 편제된 것이다.

한·미 군 당국의 공언대로 2017년 4월 26일, 사드가 경상북도 성주군 초전면 소성리에 전격 배치됨으로써 이미 체결한 한·일군사정보보호협정, 그리고 한국군과 주한미군 TMO-Cell의 연동과 함께 한국은 미국 MD 참여 및 한·미·일 통합 MD 체계 참가의 거보(?)를 내딛게 되었다.

한편 2017년 4월, 한국이 자체 개발하고 있는 중거리 지대공미사일 M-SAM 체계의 개발이 완료되어 2018년에 실전 배치될 것으로 알려지고 있다.[40]

한국군 보유 MD 전력 현황과 향후 도입 계획

독자적인 MD 구축에 대해 소극적이거나 부정적 입장을 취했던 역대 정권들이 MD 구축으로 돌아선 이후 그 기간이 짧기 때문에 한국군이 보유한 MD 전력 규모는 아직 낮은 수준에 머물러 있다고 할 수 있다.

그러나 앞으로 도입하기로 한 MD 무기 체계를 모두 도입하게 되면 한국은 미국과 일본에 이어 세계 3위(?)의 MD 전력을 보유한 MD 강국으로 탈바꿈하게 된다. 현재 한국군의 MD 무기 체계 보유 현황과 앞으로 도입하게 될 MD 무기 체계를 살펴보면 다음과 같다.

지상배치 종말 하층방어 체계로 PAC-3 (PAC-2를 업그레이드 중) 2개 대대 (8개 포대), 48기의 발사대를 보유하고 있으며, 한국이 자체 개발한 M-SAM을 2018년에 실전 배치할 예정이다. 또한 지상배치 종말 상층방어 체계로 L-SAM을 2020년대 중반까지 개발할 예정이며, 사드 체계를 2~3포대 도입할 가능성도 있다.

해상배치 하층방어 체계로 SM-6를 도입할 예정이며, 해상배치 상층방어 체계로 SM-3 계열 요격미사일을 도입할 예정이다. 현재 이지스함 3척을 보유하고 있으며, 2020년대까지 3척을 추가로 더 도입할 예정이다.

센서로는 지상배치 레이더로 탐지거리 800~900km의 슈퍼그린파인 레이더 2기를 실전 배치하고 있으며, 추가로 슈퍼그린파인 레이더 1기를 더 도입할 계획이다. 해상배치 레이더로는 이지스 SPY-1D 레이더 3기를 실전 배치하고 있고, 2020년대 중반까지 3기의 레이더를 추가 도입할 예정이다. 공중배치 레이더로는 4기의 공중조기경보통제기Airborne Early Warning & Control, 일명 '피스아이Peace Eye'를 보유하고 있으며, 향후 2기를 추가 도입할 예정이다. 글로벌 호크 4대도 2017~2019년 사이에 도입할 예정이다.

이상의 MD 무기 체계를 예정대로 도입한다면 한국은 자체 MD 체계 개발에 가장 앞서 있는 이스라엘이나 프랑스 등을 제치고 세계 3위의 MD 강국이 될 가능성도 있다.

3

사드로
북한 핵·미사일
막을 수 있나

:: 사드, 군사적 효용성 없다

한·미 당국은 사드 배치의 명분으로 북한의 핵·미사일 위협으로부터 한국민과 한·미 동맹군을 지킬 수 있다는 주장을 내세우고 있다. 또한 사드 배치를 둘러싼 대부분의 논쟁들도 사드로 북한의 핵·미사일을 막을 수 있다는 전제 아래 이루어지고 있다. 사드 배치에 반대하는 논자들마저 예외가 아니다.

이처럼 사드의 군사적 효용성을 전제로 한 논쟁의 결말은 뻔하다. 사드 배치를 용인하면서 단순히 절차상의 문제나 전자파 유해성 문제를 따지는 데로 논점이 맞춰질 수밖에 없다.

그러나 사드 배치 문제는 1차적으로 사드가 북한의 핵·미사일을 방어하는 데 군사적 효용성이 있는가, 따라서 국가안보에 과연 도움이 되는가를 규명하는 데 그 본질이 있다.

결론부터 말하면 사드는 북한의 핵·미사일을 막지 못하며, 국가안보에도 전혀 도움이 되지 않는다. 그 이유를 살펴보자.

한반도의 지형적 특성상 요격 불가능

한반도는 남북 간 거리가 짧아 북한 단거리 탄도미사일이 2~5분이면 남한에 도달하는 반면, 산악 지형이 70%에 달해 이를 조기에 탐지하기가 어렵다. 따라서 북한 탄도미사일에 대한 요격이 아예 불가능하거나 거의 불가능하다.

한국 국방연구원과 미국 미사일방어청MDA도 1년 6개월가량에 걸친 공동연구 끝에 "한반도에서 PAC-3는 실효성이 없는 것으로 시뮬레이션을 통해 밝혀졌다"[1]고 발표한 바 있다.

미 국방성의 「동아시아 TMD 구상에 관한 보고서」(1999)도 이지스와 같은 해상배치 상층방어 체계는 남한 북부 지역의 3분의 2를 방어하지 못하며, 사드와 같은 종말 고고도 방어 체계도 사거리가 짧고 정점이 낮은 단거리 탄도미사일을 요격할 수 없다고 밝히고 있다. 미 의회 보고서(2015. 4)도 남북으로 길이가 짧은 한반도의 지형적 특성상 "한국에선 미사일 방어가 효용성이 낮다"[2]고 밝힌 바 있다.

이렇듯 한반도의 지리적 특성은 한반도에서 미사일 방어를 허용하지 않아 PAC-3와 같은 종말 하층방어 체계, 사드와 같은 종말 고고도 방어 체계, 이지스와 같은 해상 상층방어 체계 모두 군사적 효용성이 없다.

사드의 요격을 피할 수 있는 회피기동 가능

북한의 탄도미사일은 사드의 요격을 피해 남한을 타격할 수 있다. 이른바 회피기동이다. KN-02 탄도미사일은 사거리가 120~160km로 정점 고도가 아예 사드의 요격 고도 아래로 형성되어 사드로 요격할 수 없다.

북한 보유 탄도미사일

종류		사거리	수량	탄두 중량
단거리	KN-02[3]	120~170km	100	250~485kg
	스커드 B[4] (화성 5)	300km	600-800	1000kg
	스커드 C[5] (화성 6)	500km		700~770kg
준중거리	스커드 ER[6] (화성 7)	1000km		500kg
	노동 1[7]	1200~1,500km	200-300	1200kg
	노동 A[8]	1600km		550-650kg
	노동 A1[9]	2,000km		500-650kg
	북극성 2[10]	1200~2,000km		
중거리	대포동 1[11] (백두산)	~2896km		750kg
	무수단[12] (화성10[13]/KN-07)	~4000km	20-30	500~1200kg
장거리	대포동 2[14] (은하 1호/광명성)	~10000km	10	1000~1500kg
	KN-08/14[15] (화성 13/화성 14)	~11500km	6	500kg
SLBM	KN-11[16] (북극성 1)	900km		
소계			최대 800~1,000	

사거리 300km의 스커드 B나 사거리 500km의 스커드 C도 발사 지점을 달리해 탄착 지점을 다르게 하거나 발사각을 낮추든가 높이는 방법으로 탄도미사일의 정점 고도와 사거리를 조정함으로써 사드의 요격 고도나

사거리를 피할 수 있다. 연료량을 줄이는 컷오프Cut-off 방식으로도 사거리와 정점 고도를 줄일 수 있다.

사드의 군사적 효용성을 입증하고 최적(?)의 배치 지역을 밝히기 위해 시뮬레이션을 실시한 장영근 항공대 교수는 시뮬레이션의 전제로 노동미사일의 "다탄두 형태나 (노동)미사일의 회피기동은 고려하지 않았다"[17]고 밝히고 있다. 이는 노동미사일이 다탄두를 장착하거나 회피기동을 한다면 요격이 사실상 불가능하다는 것을 말해 준다.

한국 국방부의 2013년 내부 문건도 사드로 적어도 남한의 수도권을 방어할 수 없다는 것을 인정하고 있다. 설령 수도권 이남에서는 사드 효용성이 있다고 해도 남한 인구의 절반 이상이 살고 있고, 한국군의 70% 이상이 전진 배치되어 있는 수도권을 방어하지 못한다면 사드 한국 배치는 그 의미를 거의 상실한다.

나아가 스커드 B·C나 노동미사일(북한이 노동미사일로 남한을 공격할 가능성은 작전상 매우 낮지만)은 회피기동으로 사드의 요격을 피해 수도권 이남도 타격할 수 있다. 장영근 교수는 북한이 황해도 황주 인근에서 부산을 겨냥해 노동미사일을 고각으로 발사할 경우, 그 고도가 성주 상공에서 195km에 이르러 사드의 최고 요격 고도 150km를 회피해서 부산을 타격할 수 있다는 시뮬레이션 결과를 발표(2016. 7)한 바 있다.

이렇듯 북한은 탄도미사일의 회피기동을 통해 사드를 무용지물로 만들 수 있다.

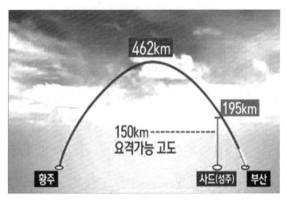

황주 발사 노동미사일 시뮬레이션 결과

출처 : SBS 뉴스

탄도미사일의 비행 특성상 요격 불가능

북한이 남한을 공격하는 데 주로 사용할 단거리 탄도미사일은 발사 후 대기권으로 진입해 지상으로 낙하할 때 공기 밀도가 높은 공간(70km 이하 고도)에서 공기저항을 받아 공중제비를 돌거나 나선형 회전을 하게 되는데, 현재의 미사일 방어 기술로는 이런 불규칙한 낙하운동을 하는 탄도미사일을 요격하지 못한다.

미국과학자연맹Federation of American Scientists, FAS은 미국이 1991년 걸프전에서 이라크가 발사한 약 80발의 탄도미사일 중 44번 요격을 시도해 단 한 발도 맞히지 못했다고 밝혔다.[18] 이는 클린턴 대통령 때 코언 국방장관도 확인한 사실이다.[19]

걸프전 당시 미국이 이라크 탄도미사일 요격에 실패한 이유는 공격 탄도미사일에 대한 요격에 성공하더라도 탄두가 살아남을 수 있는 폭발형 탄두를 장착한 요격미사일의 한계도 있지만, 보다 주된 요인은 탄도미사일이 공중제비나 나선형 회전과 같은 불규칙적인 낙하운동을 했기 때문이다. 요격미사일 제작사 레이시온은 걸프전 이전의 시험 발사에서 17번 시도에 17번 모두 요격에 성공했다고 주장했으나 실전에서의 결과는 정반대였다.

불규칙한 낙하운동을 하는 탄도미사일에 대한 요격 한계는 직격파괴 방식이 도입되고 요격미사일 탄두의 적외선 센서 기능이 개량되는 등 요격미사일의 성능이 한층 향상된 오늘날에도 여전히 극복하지 못하고 있는 문제다.

이에 미국의 MD 전문가 포스톨 교수는 노동미사일에 소형의 추진 로켓 모터를 장착해 연료 연소 직후 작동시키면 노동미사일이 텀블링을 하며 날아가도록 조작할 수 있다고 말한다.[20] 공중제비나 나선형 회전운동을 하며 불규칙 낙하운동을 하는 탄도미사일을 요격할 수 없다는 것은 앞서 살펴본 바와 같다.

이에 국방연구원 김성걸 연구위원은 노동미사일은 탄두 내부에 장착된 스핀 모터에 의해 시계 반대 방향으로 회전하며 날아가기 때문에 안정적인 방향을 유지할 수 있어 요격이 가능하다고 주장한다. 김성걸

스커드 미사일의 공중제비

 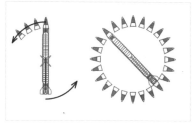

출처 : https://fas.org/nuke/guide/usa/slbm/d-5.htm ; How US strategic antimissile defense could be made to work George N. Lewis and Theodore A. Postol Bulletin of the Atomic Scientists 2010 66: 8.

위원의 주장이 사실이라고 해도 북한이 요격을 피하기 위해 단이 분리(연료 연소 종료)되기 직전이나 분리 후 노동미사일이 공중제비를 돌도록 조작하는 것은 북한의 선택지 중 하나다. 공중제비를 돌면서 낙하하는 노동미사일의 탄두를 사드로 요격하는 것은 요행을 바라는 것이나 마찬가지다.

진짜 탄두와 가짜 탄두 구별 불가능

탄도미사일이 디코이(Decoy, 가짜 탄두)를 전개시켜 진짜 탄두와 함께 날아오거나 연료 연소 종료 후 탄도미사일의 몸체를 폭발시켜 진짜 탄두와 몸체의 파편이 뒤섞여 비행하게 하면 사드 레이더가 진짜 탄두를 식별하지 못해 요격이 불가능하다.[21]

포스톨 교수는 연료 연소 종료 뒤에 노동미사일의 몸체를 폭발시키는 것은 쉬운 기술이라며, 북한은 이미 은하 3호 발사(2016. 2. 7) 때 연료 연소 종료 후 1단을 폭발시켜 수백 개의 파편으로 조각냄으로써 이 기술을 입증했다고 밝히고 있다. 한국 국방부도 은하 3호의 1단 파편이 270여 개의 항적으로 나타났다며 은하 3호 1단이 폭발되었음을 확인(2016. 2. 9)해 준 바 있다.

노동미사일의 연료 연소가 종료된 후 몸체를 폭발시키면 탄두가 몸체의 파편과 함께 낙하하게 된다. 이때 공기 밀도가 높은 70km의 고도에 이르러서야 공기 저항에 따른 하강 속도의 차이로 사드 레이더가 탄두와 파편을 구별할 수 있게 되는데, 이 고도에서 요격미사일을 발사하면 탄두가 이미 사드의 최저 요격 고도(40km) 아래로 내려온 후라 요격이 불가능해진다는 것이다.[22]

또한 스커드 C 등 단거리 탄도미사일은 몸체를 인위적으로 폭발시키지 않더라도 낙하 방향과 다른 방향으로 텀블링을 하면서 공기 저항을 받아 패트리엇의 요격 고도(20㎞)에 이르러 자연 파괴되어 파편을 만들어냄으로써 요격이 불가능해질 수 있다.[23]

요격미사일이 탄두에 장착된 적외선 센서의 성능 한계로 종말 단계에서 요격이 어렵다는 것은 오바마 정권의 마지막 국방장관 애슈턴 카터도 인정한 사실이다.[24]

동시에 대량으로 탄도미사일을 발사하는 경우 요격 불가능

북한은 탄도미사일 발사대를 100기 이상, 자료에 따라서는 노동미사일만 50기 이상의 발사대를 보유한 것으로 알려지고 있다. 따라서 북한이 수십 기의 탄도미사일로 남한을 동시에 공격하면 사드와 패트리엇 요격미사일을 제아무리 많이 배치한다고 해도 요격이 불가능하다. 그중에 핵탄두가 몇 발만 포함되어 있어도 남한의 모든 지역이 핵 공격에 노출된다.

북한은 2017년 3월 6일, 중거리 탄도미사일 5기를 동시에 발사했는데, 이 중 1기는 발사 직후 폭발하였고, 나머지 4기는 모두 일본 연안 배타적 경제수역EEZ에 떨어졌다. 이동식 발사대를 이용해 다섯 발을 동시에 발사한 것은 미·일 미사일 방어망의 요격을 피하기 위한 것이다.[25]

이에 대해 미국의 항공우주 연구기관인 '에어로스페이스Aerospace' 존실링 연구원은 북한이 "한 지점 또는 여러 지점에서 동시다발적인 발사능력을 과시한 것"으로, 북한은 "서로 아주 멀리 떨어진 여러 곳에서 동시에 탄도미사일을 발사하는 능력도 갖고 있"다고 밝혔다. "만약 한 지점에서 여러 발이 발사되면 각각의 미사일을 구별해 내기가 어렵고, 여러 곳에서 동시에 발사되면 사드 레이더를 서로 다른 각도로 빠른 속도로 변환시켜야 하는데, 사드가 물론 그런 능력을 갖추고 있지만 제한적"이라고 분석하고 있다.[26] 실제로 3월 6일 북한의 중거리 탄도미사일 시험 발사 당시 미국의 군사위성은 5기 중 1기밖에 탐지하지 못한 것으로 알려졌다.[27]

미국의 민간 군사정보업체 '올 소스 어낼리시스All Souce Analysis'의 조지프 버뮤데즈 선임분석관은 "사격통제 시스템이 준비되었다는 전제하에 북한은 한 지점에서 동시에 최소 36발의 탄도미사일을 발사할 수 있는 충분한 수량의 이동식 발사대를 갖추고 있다"[28]고 밝혔다. 북한은 2016년 10월에도 동시 시험 발사를 한 바 있다. 북한은 이미 이동발사대 등을 이용한 동시 대량 발사로 한·미 미사일방어망을 피해 남한을 타격할 수 있는 능력을 확보한 것으로 보인다.

국방부, 사드 1개 포드로 남한 영토의 1/2~1/3 방어할 수 있다?

그런데도 국방부는 사드 배치 결정 사실을 발표하면서 사드 1개 포대로 남한 영토의 2분의 1에서 3분의 2를 방어할 수 있다고 주장했다.

그러나 이는 터무니없는 주장이다. 북한이 현재의 고정 발사대에서 한두 발의 탄도미사일을 발사했을 경우, 사드의 사거리와 제원에 맞춰 단순 계산한 이론적 결과일 뿐이다. 국방부도 기자들의 반박에 북한이 탄도미사일을 현 고정 발사 기지에서 발사했을 때 가능한 방어 범위라고 물러선 바 있다.[29] 북한이 이동 발사대를 이용해 동시 대량 공격을 감행할 경우 사드로 방어할 수 있는 면적은 기하급수적으로 줄어든다.

그런데 앞서 설명한 대로 북한의 탄도미사일이 회피기동을 하거나 중간 또는 종말 단계에서 공중제비를 돌거나 나선형 비행을 하고, 탄두가 가짜 탄두나 파편과 함께 날아오는 등 요격을 어렵게 하는 여러 요인들이 중첩되면 요격 자체가 아예 불가능해져 사드의 방어 범위 논란은 그야말로 부질없는 짓이 되고 만다.

이렇듯 남한을 겨냥한 북한 탄도미사일은 요격을 불가능하게 하는 여러 요인들을 안고 있다. 그중 어느 한 요인을 극복하더라도 다른 요인에 의해 요격이 불가능해진다.

오바마 정권, MD 실패 결론 후 대북 사이버전과 전자전 강화

북한 탄도미사일을 요격할 수 없다는 MD 무용론은 단지 한반도에 국한되지 않는다. 오바마 정권은 2014년 1월, 대북 사이버전과 전자전을 강화하기로 결정하였다. 북한의 2012년 장거리 로켓 발사와 2013년 핵실험 성공이 미국에 충격을 던지자, 대륙간 탄도미사일을 발사하기 전에 사이버전과 전자전을 통해 북한의 대륙간 탄도미사일 발사 자체를 원천 봉쇄해 보겠다는 의도였다.

이후 미국의 대북 사이버전과 전자전이 어느 정도 성공을 거두었는지는 의견이 갈리지만, 분명한 것은 "오바마 정권이 아이젠하워 정권 이래로 전통적인 MD-총알로 총알을 맞히는 것과 같은-에 3000억 달러를 지출했지만 미 본토를 보호하는 데 실패했다고 결론"[30]을 내린 뒤 취한 조치라는 것이다. 미국이 60년 넘게 천문학적 비용을 들여 MD를 구축해 왔지만 대륙간 탄도미사일 공격으로부터 본토를 방어할 능력을 여전히 갖추지 못했으며, 가까운 시일 내에 갖출 가능성도 낮다는 사실을 인정한 셈이다.

또한 앞서 설명한 대로 2014년 11월 5일, 미국의 오디오노 육군참모총장과 그리너트 해군참모총장은 척 헤이글 당시 국방장관에게 "현재 미국의 미사일 방어 체계와 전략은 지나치게 비용이 많이 드는 데 비해 효용성이 의심되는 등 각종 문제점들을 안고 있다"며 전면 재평가를 요청하는 공동 메모('탄도미사일 방어 전략의 조정')를 보낸 사실도 알려졌다. 이들이 대안으로 선제공격 등을 제시했다는 점에서 문제가 크지만 MD를 개발, 운용해 온 미군 수뇌부가 감당할 수 없는 재정 문제와 함께 MD의 비효용성을 솔직히 인정했다는 점에서 의미가 자못 크다.

요격할 수 있는 시간 여유가 많고 탄도미사일의 비행 변화도 거의 없는 중간 단계 위주의 미 본토 방어는, 요격할 수 있는 시간적 여유가 거의 없고 탄도미사일의 비행도 변화무쌍한 종말 단계 위주의 남한 방어에 비해 상대적으로 용이하다. 그런데도 미군 수뇌부는 미사일 방어의 효용성을 의심하며 전면 재검토를 요구한 것이다.

하물며 미 본토보다 탄도미사일에 대한 방어가 훨씬 어려운 한반도에서 미사일 방어망을 구축해 북한의 탄도미사일을 요격하겠다는 생각은 망상에 가깝다.

공격 탄도미사일과 요격미사일의 대결은 기술과 비용, 효용성 측면에서 공격 탄도미사일이 절대 우위를 점할 수밖에 없다. 사드로 북한 탄도미사일을 방어할 수 없다.

4

사드 배치는
한국의 미국 MD
전면 참여

사드 한국 배치는 한국이 미국 MD에 전면 참여하게 됨을 의미한다. 앞서 살펴본 바와 같이 전두환 정권 이래로 한국의 역대 정권은 기술적·재정적 한계와 주변국과의 관계 악화를 우려해 미국 MD 참여를 거부해 왔다. 한국이 독자적으로 구축하는 MD든, 한국이 참여하는 미국 MD든 북한의 탄도미사일을 막는 데 군사적으로 효용성이 전혀 없는 반면, 주변국들의 반발만 불러와 오히려 국가안보를 위태롭게 한다는 이유에서였다.

이런 문제점은 사드 배치를 눈앞에 둔 현 시점에서도 조금도 달라지지 않고 그대로 재현되고 있다. 그러나 역대 정권의 미국 MD 불참 입장은 사드 배치를 확정한 박근혜 정권에 의해 종말을 고하고 있다.

지난해 7월 한민구 국방장관은 "(사드 한국 배치가) 미국 MD 참여 또는 편입이 아니라고 분명하게 말씀드릴 수 있습니다"[1]라고 강변한 바 있다. 그러나 사드 한국 배치가 미국 MD 참여가 아니라는 박근혜 정권의 주장은 손바닥으로 하늘을 가리는 꼴이자, 그동안 미국의 압박에도 불구하고 미국 MD 참여를 거부해 온 역대 정권들의 고심에 찬 선택을 휴짓조각 버리듯 내팽개친 것이다. 이 장에서는 사드 한국 배치가 박근혜 정권의 기만적 주장과 달리 왜 한국의 미국 MD 참여로 되는지 살펴보기로 한다.

국방부가 제시한 한국의 미국 MD 참여 기준

국방부는 2012년 10월 28일, 한국 MD의 미국 MD 참여 기준으로 세 가지를 제시한 바 있다. ① 지상배치요격미사일 기지 제공, ② X-밴드 레이더 설치, ③ MD 공동연구 비용 지불이다.

2012년 9월 24일 미 국방부 캐슬린 힉스 정책담당 수석 부차관도 전략국제문제연구소CSIS가 개최한 세미나에서 "한국이 (미국) MD에 기여할 수 있는 방안에는 여러 가지가 있다"며 "(요격)미사일을 사용하면서까지 적극적으로 참여하지 않더라도, (사드) 레이더망을 통해 기여할 수도 있다"며 레이더 기지를 제공하는 것만으로 한국의 미국 MD 참여가 가능하다고 주장한 바 있다.

지상배치요격미사일(GBI) 기지 제공

부시 정권은 알래스카와 캘리포니아 두 곳에 배치되어 있는 GBI 기지 외에 유럽에 추가로 기지를 구축할 계획을 세우고 폴란드에 요격 기지, 체코에 레이더 기지를 배치하기 위해 관련국들과 조약을 맺어 추진했다. 당시 미국이 폴란드에 배치하려고 했던 GBI는 2단으로, 3단인 미 본토 배치 GBI보다 축소형이었다.

그러나 제3기지론은 폴란드와 체코 양국에서 일부 정당과 시민단체들의 반발에 부딪쳐 국회의 동의를 받기 어려웠으며, 프랑스와 독일 등 나토 회원국들도 러시아와의 관계를 의식해 반대하는 가운데 오바마 정권이 러시아의 반발을 의식해 이 계획을 폐기함으로써 결국 폐지되었다.

이후 공화당이 하원을 장악하면서 제3의 GBI 기지를 구축하자는 주장이 되살아나 이를 미국 동부 연안에 배치하기로 하고 후보 지역 다섯

곳을 선정해 추진하였다. 그러나 오바마 정권은 2015년 7월 이란과의 핵협상이 타결되자 제3기지를 구축하지 않겠다고 밝혔다.

한국 배치 사드가 곧바로 미국을 겨냥한 북한과 중국의 대륙간 탄도미사일을 요격할 수는 없으나, 사드 레이더가 미국의 GBI 요격체계에 미국을 겨냥한 대륙간 탄도미사일의 탐지·추적 정보를 제공하게 되어 한국은 체코처럼 미국 MD에 참여하는 것이 된다. 앞서 캐슬린 힉스 부차관이 제시한 미국 MD 참여 기준("요격미사일을 사용하면서까지 적극적으로 참여하지 않더라도 (사드) 레이더망을 통해 기여할 수도 있다")을 충족시키는 것이다. 폴란드와 체코 정부는 한국 정부와 달리 이들 기지 제공이 미국 MD 참여로 된다는 것을 자국 국민들에게 솔직히 인정하였다.

현재 루마니아에서 운영 중인 이지스 어쇼어 기지나 폴란드에서 운영될 이지스 어쇼어Aegis Ashore 기지가 요격 고도와 사거리가 미 본토 GBI 체계에는 크게 못 미치지만, 이들 기지 제공으로 루마니아와 폴란드가 미국의 유럽 MD, 곧 미국 MD에 참여하게 된 것과 같다. 이들 MD 기지가 유럽 주둔 미군 방어는 물론 미 본토 방어를 위한 조기경보를 제공하고 제한적이나마 미국을 겨냥한 러시아 탄도미사일에 대한 요격 능력도 제공하기 때문이다.

X-밴드 레이더 설치

사드 X-밴드 레이더의 한국 배치는 미 본토를 방어하기 위한 미국 주도의 동북아 지역 MD, 나아가 전 세계 MD 구축의 핵심 고리다.

미국은 이미 2012년에 당시 이명박 정권에 중국으로부터 불과 186km 밖에 떨어지지 않은 백령도에 사드 X-밴드 레이더의 설치를 제안한 바 있다. 이때는 미국이 일본 샤리키에 사드 레이더를 배치(2006)한 데 이어 교카미사키에도 사드 레이더를 설치하기로 결정(2012)했으며, 터키 말라티아Malatya에도 AN/TPY-2 사드 레이더를 배치(2011)해 지역 MD와 지구적 차원의 MD 구축을 위한 센서(지상조기경보레이더) 배치에 박차를 가하던 때였다.

터키 말라티아는 이란으로부터 불과 640km 정도밖에 떨어지지 않은 곳으로 미국의 〈워싱턴포스트〉지는 2011년 9월 15일자 보도에서 터키 배치 사드 레이더를 미국의 제3 GBI 기지를 대신해 새롭게 구축 중인 미국의 유럽 MD의 "초석cornerstone"이라고 불렀다. 반면 러시아는 이 사드 레이더를 러시아의 탄도미사일을 무력화하기 위한 "위장물stalking horse"로 규정하였다.

경북 성주에서 중국과의 거리는 불과 530km 정도로 터키 배치 사드 레이더와 이란과의 거리보다도 100여 km나 더 가깝다. 한국 배치 사드 레이더는 중국의 탄도미사일을 무력화하려는 미·일 중심의 동북아 지역 MD를 구축하기 위한 초석인 것이다. 또한 이는 일본에 배치한 2기의 X-밴드 레이더가 미 본토 GBI 체계에 미국을 겨냥한 북한과 중국의 대륙간 탄도미사일에 대한 탐지·추적 정보를 제공함으로써 일본이 미국 MD에 참여하게 된 것과 마찬가지다.

이렇듯 한국 국방부와 미 국방 관료가 밝힌 대로 사드 X-밴드 레이더 부지를 제공하는 것만으로도 한국은 미국 MD에 참여하는 것이 된다.

MD 공동연구 비용 지불

이는 일본과 이스라엘처럼 MD 무기 체계를 미국과 공동으로 연구, 개발하고 비용도 분담하는 관계를 말한다. 미국과 일본은 비용을 절반씩 부담해 제한적으로나마 대륙간 탄도미사일 요격 능력을 갖춘 SM-3 블록

2A라는 이지스 요격미사일을 개발하고 있으며, 이스라엘도 미국과 비용을 분담해(대부분 미국의 비용과 기술로 진행되고 있지만) 애로우 요격 체계 등을 개발하고 있다.

오바마 대통령이 2013년 5월, 박근혜 대통령과의 정상회담 후 가진 기자회견에서 한국의 MD 투자에 대해 언급한 바 있으나 아직까지 그 실상이 드러난 것은 없다. 그러나 사드 배치로 한국이 미국 MD에 참여하게 되면 한국도 일본이나 이스라엘처럼 미국과의 MD 공동 연구와 개발에 발을 담그고 비용을 부담할 가능성이 없지 않다.

미국 전략사령부의 전략지휘와 태평양 사령부의 작전통제를 받는 사드 레이더

한국에 배치된 사드 X-밴드 레이더는 미국의 전략 자산으로 분류되어 미국 전략사령부의 전략 지휘를 받는다.[2] 터키나 일본에 배치되어 있는 사드 레이더도 마찬가지다. 이들 사드 레이더가 생산하는, 미국을 겨냥한 중국과 러시아, 북한 등의 대륙간 탄도미사일에 대한 조기 탐지·추적 정보가 미 본토를 방어하는 데 직접적으로 기여하기 때문이다(터키 배치 사드 레이더는 나토가 지휘통제권을 행사한다).

또한 이들 사드 레이더가 탐지·추적할 대륙간 탄도미사일이 동북아 전역과 태평양 지역을 통과하여 미 본토에 이르기 때문에 각 전역과 지역을 관할하는 지역 전투사령부(유럽사령부, 중동의 중부사령부, 태평양사령부, 미 본토의 북미사령부 등)를 전략사령부가 통합 지휘한다.

미국은 한국과 일본의 사드 X-밴드 레이더가 제공하는 조기 탐지·추적 정보를 이용해 미 본토를 겨냥한 중국과 북한의 대륙간 탄도미사일을 한두 차례 더 요격할 수 있어 모두 4~5회를 요격할 기회를 갖게 된다.

따라서 한국에 배치된 사드 레이더는 미 본토에 배치되어 있는 GBI 체계나 SM-3 블록 2A를 장착한 이지스 BMD함이 미국을 겨냥한 대륙간 탄도미사일을 상승 단계와 하강 단계에서 요격할 수 있도록 탐지·추적 정보를 제공할 수 있어 미 본토를 방어하기 위한 미국 MD의 한 구성 요소로 된다.

사드 배치로 성격과 임무가 달라지는 한국 MD

노무현 정권에서 최초로 소위 '한국형 MD'를 구축하기 시작한 이래 역대 정권은 북한의 탄도미사일로부터 남한을 방어하는 데는 종말 하층 방어 체계가 효과적이라며 종말 상층방어 체계는 구축하지 않겠다는 입장을 견지해 왔다.

박근혜 정권도 "한국은 종말 단계 하층방어 위주로 독자적인 한국형 미사일방어 체계를 구축하고 있다"며 "현재로서는 상층방어 체계인 사드를 고려하지 않고 있다"는 입장을 밝혔으며, "북한의 탄도미사일을 방어하기 위한 한국군 KAMD와 미국 MD는 별개 체계"라고 강조했다.[3]

그러나 사드 한국 배치로 한국 MD는 북한의 탄도미사일로부터 남한을 방어하기 위한 종말 하층방어 체계에서 중국의 단·중거리 탄도미사일로부터 남한을 방어하기 위한 종말 고고도 체계나 북한과 중국의 중·장거리 탄도미사일로부터 미국과 일본을 방어하기 위한 중간 단계(상층) 방어 체계로 바뀐다.

한국 배치 사드 레이더는 미·일 본토와 오키나와, 괌, 하와이 등을 향해 날아가는 북한과 중국의 중·장거리 탄도미사일에 대한 조기경보를 미국과 일본에 제공, 미·일이 이를 요격하도록 지원하기 때문이다.

이때 사드 레이더는 남한을 겨냥한 북한의 탄도미사일 방어(종말 하층)에 필요한 탐지·추적 범위를 훨씬 뛰어넘어 미·일을 겨냥한 북한과 중국의 중·장거리 탄도미사일을 부스트 단계부터 중간 단계에 이르기까지 탐지·추적할 수 있다.

또한 한국 배치 사드의 주 요격 대상은 남한을 겨냥한 북한의 탄도미사일이라기보다는 중국의 탄도미사일이다. 만일 미·중, 한·중이 교전할 경우, 사드는 중국 동북부 등지에서 주한미군 기지나 한국군 기지 등을 겨냥해 날아오는 중·단거리 탄도미사일을 요격함으로써 한국 MD의 요격 범위를 종말 하층 단계 방어에서 종말 상층 및 고고도 단계 방어로 확장시킨다.

게다가 한국 국방부와 합참이 도입을 입질하고 있고, 2015 회계연도 미 의회 국방수권법안의 첨부 보고서도 언급하고 있는 것처럼 한국이 SM-3 요격미사일을 도입[4]하게 되면 한국군이 미·일 본토와 오키나와, 괌, 하와이 등지로 날아가는 북한과 중국의 중·장거리 탄도미사일을 상승(중간) 단계에서 요격하는 임무도 수행하게 될 가능성도 있어 한국 MD의 역할이 종말 단계 요격에서 상승(중간) 단계 요격으로 확장된다.

앞으로 한국이 SM-3 요격미사일까지 도입하게 되면 한국 MD는 요격미사일과 레이더에서 미·일의 동북아 MD와 유사한 구성 체계를 갖추고 유사한 임무를 수행하게 될 것이다. PAC-3의 종말 하층방어 체계, 사드의 종말 상층 및 고고도 방어 체계, SM-3의 상승(중간) 단계 요격을 아우르는 이른바 다층방어 체계를 구축하게 됨으로써 미국 지역 MD 체계와 구성 무기 체계, 임무, 역할 등이 유사한 체계로 탈바꿈하게 되는 것이다.

지금까지 살펴본 것처럼 사드 한국 배치로 한국 MD는 미국 MD에 편입되고 미·일 본토 방어에 가담하게 되는 등 남한 방어 위주의 성격과 임무에서 미·일 방어 위주로 바뀌게 된다.

한국 MD 지휘통제체계와 주한미군 지휘통제체계 연동

앞서 말했듯이, 한·미 양국군은 2016년 말에 한국군의 연동통제소KICC와 주한미군의 연동통제소JICC를 '링크 16'으로 연동시킨 것으로 알려지고 있다.[5] 이는 한·미 양국군의 MD 정보 자산과 타격 자산을 연동시킨 것으로, 한국군 TMO-Cell(한국군 MD 지휘통제체계, C2BMC)과 주한미군 TMO-Cell(주한미군 MD 지휘통제체계, C2BMC) 간 연동을 의미한다. 나아가 한·미 양국군은 한국군과 주한미군 MD 작전을 통합 지휘할 연합작전부대를 창설할 계획이다.

한·미 양국군의 지휘통제체계의 연동으로 한국은 사드 배치와 관계없이 미국 MD 체계의 아태 지역 체계로 통합된 것이나 다름없다. 주한미군의 TMO-Cell은 미 태평양 사령부의 C2BMC(하와이 히캄 공군기지), 미 본토의 북미사령부와 전략사령부의 C2BMC와 연동된다. 그런데 한국군 TMO-Cell은 주한미군 TMO-Cell과 연동되므로 미 태평양 사령부와 북미사령부, 전략사령부와도 결국 연동되어 미국의 전 세계 MD 체계 예하 70여 곳을 웃도는 C2BMC 워크스테이션workstation의 하부로 편제된 것이다.

이는 미국이 자국 MD 체계의 C2BMC와 동맹국이나 동반자 국가들의 C2BMC를 연동시켜 "미 본토 방어를 위한 모든 방면의 BMD 구조를 통합시키는, 단절 없는, 지구적 차원의 MD 체계를 구축"[6]하려는 전 세계 MD 체계 구축의 일환이라 할 수 있다.

따라서 한·미 양국군의 MD 지휘통제체계를 연동시키는 것은 패트리엇이나 SM-3 요격미사일 등 특정 MD 무기 체계 도입과는 비교가 되지 않을 만큼 한국 MD가 미국 MD에 편입되는 결과를 가져온다. 지휘통제체계의 연동은 예하 모든 MD 무기 체계를 운용할 정보와 작전 체계의 연동을 의미하기 때문이다. 즉, 한·미 간 MD 정보와 작전에 대한 지휘통제가 하나로 통합된다는 말이다.

한미 탄도탄 정보공유 체계도

이를 위해 한·미 양국군은 한·미 연합 공군작전을 지휘하는 오산 공군기지 내 '한국항공우주작전본부KAOC'의 장비 등을 개선하는 최신화 작업을 진행 중인 것으로 알려지고 있다. 육군과 해군의 미사일 작전까지 합동 지휘하는 '한국항공우주작전본부'를 최신화하는 목적은 한·미 양국군 간 통합지휘체계를 개선하기 위해서이다. 한국군 관계자는 "KAOC의 최신화 작업을 마무리하면 한·미 양국군은 세계 어느 동맹보다도 긴밀한 정보 공유 체계를 갖추게 될 것"이라고 밝히고 있다.[7]

이제 한국 MD는 미국이 제공한 무기 체계로 미국이 제공한 정보에 따라 미군의 지휘통제 아래 작전을 수행하게 됨으로써 전 세계 국가들의 MD 체계 가운데서도 미국 MD 체계에 가장 깊숙이 편입되는 것이다.

한국 배치 사드는 주한미군 TMO-Cell에만 연동된다?

2016년 7월, 사드가 한국에 배치되면 이 사드 체계는 한국군 TMO-Cell로는 연동되지 않고 주한미군 TMO-Cell에만 연동되어 주한미군 독자 체계로 운용된다는 보도가 나온 바 있다. 이 보도는 한국 배치 사드 레이더가 생산한 정보는 일본이나 미 본토와도 공유하지 않는다는 내용도 포함하고 있다.[8]

그러나 이러한 보도 내용은 거짓일 가능성이 크다. 한국 배치 사드 레이더가 생산한 정보는 미 본토 방어를 위해 주한미군 TMO-Cell을 경유하든 태평양 사령부의 C2BMC로 직접 전송되든, 미 전략사령부와 북부 사령부로 전송될 수밖에 없다. 미국이 미 본토와 아태 지역 미군을 지키는 데 기여하지도 않을 사드 체계를 한국에 배치한다는 것은 있을 수 없는 일이다.

설령 사드 레이더가 생산한 정보가 남한을 겨냥한 북한 탄도미사일

에 대한 정보에 국한된다고 가정하더라도, 미국 MD 지휘체계상 주한 미
7공군 사령부를 지휘하는 태평양 사령부와 미국 전략사령부에 전송될
수밖에 없다. 한국 배치 사드 레이더가 생산한 정보를 미 본토와 공유하
지 않는다는 한국 국방부의 주장은 중국과의 관계 악화를 의식한 눈가
림에 불과하다.

또한 사드 레이더가 생산한 정보가 주한미군 TMO-Cell과 미 태평양
사령부의 C2BMC에 전송되면 이는 미국과 일본의 통합 MD 지휘체계인
미·일 공동통합작전조정센터BJOCC로 전송되어 자위대의 자동경계관제
체계로도 전송된다. 주한미군 연동통제소와 주일미군 연동통제소는 서로
연동되어 있으며, 주일미군 연동통제소는 일본 자위대의 자동경계관제
체계계JADGE와 연동되어 있기 때문이다. 미국과 일본은 2007년 체결한
'미·일군사정보보호협정'에 의거해 이를 법적으로 보장하고 있다. 더욱
이 한국 배치 사드 레이더는 일본 배치 사드 레이더와 직접 연동된다. 일
본 배치 사드 레이더가 확보한 정보는 자위대의 자동경계관제체계에 제
공된다. 한국 배치 사드가 생산한 정보를 일본에 제공하지 않는다는 국
방부의 주장도 눈 가리고 아웅하는 것이다.

한편 이 보도가 사실이라고 해도 문제가 크다. 일본 배치 사드 레이더
가 생산한 정보가 자위대의 MD 지휘통제체계인 항공자위대의 항공총
대 작전센터로 직접 제공되는 것에 비해 굴욕적이기 때문이다. 일본 배
치 사드 레이더가 생산하는 정보는 미 본토와 아태 지역 미군을 방어하
는 데 사용되는 것은 물론, 일본을 방어하는 데도 사용된다.

그러나 한국 배치 사드 레이더가 생산한 정보를 한국군 TMO-Cell에
직접 제공하지 않고, 한·미 양국군 연동통제소와 TMO-Cell의 연동을 통
해서도 제공하지 않는다면 이 정보가 한국을 방어하는 데 사용되기보다

는 미 본토나 아태 지역 미군을 보호하는 데 주로 사용되는 정보일 가능성이 높다. 한국 배치 사드 레이더가 생산한 정보가 남한을 겨냥한 북한의 탄도미사일에 대한 정보라면 한국군 TMO-Cell에 직접 제공하지 않을 이유가 없기 때문이다. 한국군 MD 체계가 사드 레이더가 제공한 정보를 이용해 주한미군을 방어하기 위한 요격을 할 수도 있으며, 이를 위해 정보 제공이 지체되는 한·미 양국군의 연동 체계를 경유하지 않고 한국군 연동통제소나 TMO-Cell로 직접 사드 정보를 제공할 필요성이 미국에 있는 것이다.

한국군 역시 남한 방어를 명분으로 부지와 시설을 제공하고 비용도 부담한 사드 레이더의 정보를 보다 빨리 이용해 남한을 방어할 권리가 있다. 이런 점에 비춰 볼 때 한국 배치 사드 체계를 미군 단독 체계로 운영한다는 것은 여러 가지 의혹을 불러일으키기에 충분하다.

한편 한국과 미국, 일본은 2014년 12월에 이미 '한·미·일 군사정보공유약정'을 체결, 미국을 경유해 한·일 간 MD 정보를 공유하고 있다. '한·미·일 군사정보공유약정' 체결로 주한미군은 확보한 한국군의 북한 핵미사일 정보를 주일미군을 경유해 자위대와 실시간 공유할 수 있게 된 것이다.

한·미 MD 지휘체계의 연동은 이미 통합 MD 지휘체계(미·일 공동통합작전조정센터, BJOCC)를 구축한 미·일 MD 체계와 연동되어 한국 MD 정보가 일본에 실시간으로 제공된다는 것을 의미한다. 초를 다투는 MD 작전의 속성상 정보 공유 시간을 최소화하기 위해 한·일 MD 지휘체계의 직접 연동을 시도할 가능성도 있다.

또한 2016년 11월에는 한·일 간 MD 정보 등의 직접적 제공과 보호를 국제법으로 구속하기 위한 '한·일군사정보보호협정'도 체결하였다.

한·미·일 3국이 동북아 통합 MD 정보 및 작전 체계를 구축하기 위한 군사적·제도적 장치를 속속 정비해 가고 있는 것이다.

사드 2.0으로 업그레이드돼야만 한국 MD가 미국 MD에 편입된다?

2016년 7월, 김종대 의원은 국회 질의를 통해 사드를 성주에 배치하더라도 한국이 당장 미국 MD에 참여하는 것이 아니며(JTBC, "우리가 편입된다기보다는, 그거는 먼 훗날 얘기겠지만"), 2020년 이후가 되어야 미국 MD에 참여하게 된다고 주장(국회 속기록, 2016. 7. 19)하였다. 일부 매체들은 그의 발언을 인용해 "성주 사드, 2025년까지 미 MD에 편입될 것"이라고 보도하기도 했다.

그러나 김 의원의 주장은 그가 인용한 두 건의 미국 행정부의 의회 보고서(Government Accountability Office, GAO report, 2015. 5)와 내용이 다르며, 기본 팩트와도 어긋나는 것으로, 사드 성주 배치로 한국 MD가 미국 MD에 편입된다고 여겨왔던 많은 언론과 사람들에게 혼란을 주었다.

그가 인용한 두 문건은 오히려 성주에 배치될 사드 1.0도 미국 중앙 메인 컴퓨터(전략사령부 C2BMC)에 연동되어 미국의 전 세계 MD 체계 단말기(C2BMC workstation)의 하나가 되리라는 사실을 뒷받침해 주고 있다.

실제로 성주에 배치될 사드도 주한미군 TMO-Cell과 연동되어 당장 태평양 사령부와 미 본토 전략사령부의 C2BMC와 직접 연동된다. 또한 위 두 문건은 이미 2014년부터 이 사드 레이더가 조기 탐지한 정보를 다른 사드 레이더(일본 등)에 직접 전송할 수 있는 연동 능력을 확보하고 있다는 사실을 밝히고 있다.[9] 한국에 사드 체계가 배치되면 이 사드 체계의 레이더가 일본에 배치된 사드 레이더와도 직접 연동되어 미 MD 체계로 편제되는 것이다.

따라서 사드 2.0으로 업그레이드되어야만 한국이, 그리고 한국 MD가 미국 MD에 편입된다는 그의 주장은 위 자료를 잘못 이해한 데서 온 틀린 주장이다.

5

미국은
왜 사드를 한국에
배치하려고 하나

1. 동북아 및 전 세계 MD 체계 구축

사드 한국 배치는 지구적 차원의 통합 MD와 군사동맹을 구축하려는 미국의 전 세계 군사전략에 따라 미국과 한국의 일개 정권 차원의 정략적 이해를 뛰어넘어 매우 강고하게 추진되고 있다.

미국 주도의 동북아 MD 체계 구축

2012년, 미국은 아태 지역 MD를 구축하겠다고 대외에 공표하였다. 그 첫걸음이 'MD의 눈'이라고 할 수 있는 사드 레이더의 대중 전진 배치였다. 당시 미국은 일본에 두 번째 사드 레이더 배치를 요구한 데 이어, 한국에도 사드 레이더 배치를 요구하였다. 일본은 이를 받아들였으나 한국은 거절하였다. 그런데 이제 한국도 사드를 배치하기로 결정한 것이다.

사드 한국 배치는 동북아 MD, 나아가 이를 한 축으로 하여 전 세계 MD를 구축하려는 미국의 군사전략에서 비롯된 것이다. 그리고 바로 그 중심에 사드 레이더가 있다. 사드 체계, 그중에서도 사드 레이더는 동북아 지역 MD를 구축하기 위한 핵심 고리라고 할 수 있다.

한국 배치 사드 레이더의 중국 대륙간 탄도미사일 탐지 개념도

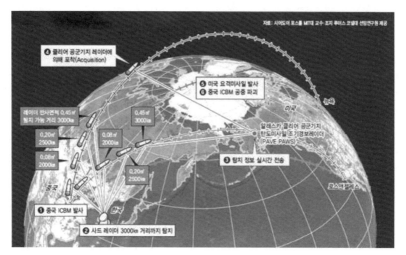

출처 : <한겨레> 2015. 6. 1.

중국 내륙 탐지가 가능한 사드 레이더의 탐지거리

사드 레이더의 탐지거리는 일반적으로 알려진 것과 달리 2000km를 훨씬 웃돌아 5000km에 이른다고 한다. 포스톨 교수도 사드 레이더의 탐지거리를 4000km로 보면서 2000km라는 주장을 난센스라고 일축했다.[1] 미국의 <타임>(2012. 5. 30)지 역시 이스라엘 배치 사드 레이더의 탐지거리를 4600km로 보도한 바 있다.

따라서 한국 배치 사드 레이더는 중국이 발사하는 탄도미사일을 부스트 단계(이륙 단계)부터 조기에 탐지·추적할 수 있어 미국을 겨냥한 대륙간 탄도미사일을 미국이 최소한 한 번 이상 더 요격할 기회를 주게 된다. 또한 사드 레이더가 조기에 탐지한 정보를 일본에 배치된 사드 레이더에 전송함으로써 일본 배치 사드 레이더가 보다 효과적으로 미국을 겨냥한

중국과 북한의 탄도미사일을 추적할 수 있도록 지원하는 역할도 한다.

사드 레이더 진짜 탄두와 가짜 탄두 식별 가능

더욱이 사드 X-밴드 레이더는 식별 능력이 매우 뛰어나서 탄도미사일의 진짜 탄두와 가짜 탄두를 구별할 수 있다고 한다. 진짜 탄두와 기만탄을 구별하지 못하는 것은 지금까지 미국 MD가 극복하지 못했던 최대 취약점 중 하나였다. 이에 미 물리학회 '핵연구소'가 발행한 MD 보고서[2]에서는 미국이 운영하고 있는 지상배치 조기경보 레이더를 모두 식별 능력이 뛰어난 X-밴드 레이더로 대체할 것을 권고한 바 있다.

한편 중국 칭화대의 리빈李彬 교수는 2016년 8월 3일자 경향신문 기고에서 한국 배치 사드 레이더는 중국이 중국 동북부에서 서쪽을 향해 시험발사하는 대륙간 탄도미사일의 뒷면을 탐지함으로써 진짜 탄두와 가짜 탄두를 구별할 수 있는 자료를 축적할 수 있으며, 유사시 이 자료를 이용해 중국이 미국을 겨냥한 대륙간 탄도미사일을 발사했을 때 진짜 탄두와 가짜 탄두를 식별해 낼 수 있게 된다고 밝혔다.

한국 배치 사드 레이더가 갖는 또 다른 효용성은 오키나와와 괌 등 태평양 주둔 미군과 일본을 겨냥한 북한과 중국의 중거리 탄도미사일에 대한 조기경보를 획득할 수 있다는 것이다. 특히 서해 연안을 따라 오키나와로 날아가는 북한의 중거리 탄도미사일이나 한국 상공을 통과해 하와이나 괌 등지로 향하는 중국의 중거리 탄도미사일을 조기에 탐지·추적할 수 있어 일본 배치 사드 레이더에 비해 효용성이 크다.

원거리 발사(EOR)와 원거리 교전(EOR)으로 방어 범위 획기적으로 확대

미국과 일본이 구상하고 있는 한·미·일 통합 MD 작전의 목표는 미국·일본과 아태 지역 미군을 겨냥한 중국과 북한의 중·장거리 탄도미사일을 동해와 일본의 태평양 연안에서 요격하는 것이다. 이를 위해서 미국과 일본은 '원거리 발사Launch on Remote, LoR'와 '원거리 교전Engagement on Remote, EoR'을 추구하고 있다.

'원거리 발사'는 이지스 BMD함의 경우 전진배치된 레이더(예를 들어 AN/TPY-2 사드 레이더 등)로부터 전송된 조기 경보를 이용해 미리 요격미사일을 발사하고, 이 요격미사일을 이지스 BMD함이 유도해 공격 미사일을 요격하는 것을 말한다. '원거리 교전'은 이지스 BMD함이 조기 경보를 이용해 원거리 발사한 요격미사일을 다른 이지스 BMD함이 유도해 공격 미사일을 요격하는 방식을 일컫는다. '원거리 발사'는 이미 실행 단계에 들어갔다. '원거리 발사'도 방어 범위를 확대시켜 주나 '원거리 교전'은 '원거리 발사'보다 방어 범위를 획기적으로 확대시켜 준다.

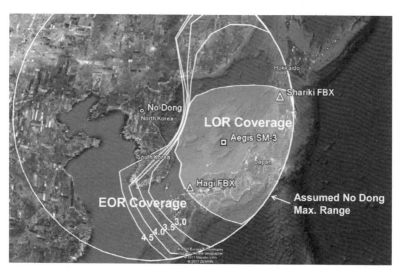

출처 : Making Sense of Ballistic Missile Defense, 2012. 9.

동해에 배치된 미국과 일본의 이지스함이 일본·괌·하와이를 향해 날아오는 중국과 북한의 중·장거리 탄도미사일을 요격하기 위해서는 이를 조기에 탐지·추적하는 것이 필요하다. 그런데 한반도 남북으로 뻗어 있는 산맥 때문에 동해에 배치된 미·일 이지스함이나 일본 배치 레이더로는 이들 미사일을 조기에 탐지·추적하는 것이 어렵다. 만일 한국 배치 사드 레이더가 이들 미사일을 보다 조기 탐지해 미·일 이지스 함정 등에 전달한다면 요격미사일을 좀 더 빨리 발사할 수 있다. 이지스 BMD함의 레이더가 탄도미사일을 탐지해 내기 전에 성주 배치 사드 레이더가 탐지한 정보로 요격미사일을 발사함으로써 방어 범위를 확대할 수 있는 것이다.

일본 태평양 연안에 배치되어 있는 미·일 이지스함의 경우도 마찬가지다. 괌이나 하와이를 겨냥한 중국과 북한의 중·장거리 탄도미사일의 경우 일본 열도 남북으로 뻗어 있는 높은 산맥 때문에 조기 탐지가 어려운데, 한국 배치 사드 레이더가 획득한 조기 경보를 이용한다면 보다 빨리 요격미사일을 발사할 수 있다.

이렇듯 한국 배치 사드는 미국이 주도하는 동북아 MD 체계의 완성도를 획기적으로 높여 준다. 터키 배치 사드 레이더가 이란을 빌미로 러시아의 탄도미사일을 조기 탐지·추적하기 위한 유럽 MD 구축의 전제이듯이, 한국 배치 사드 레이더는 북한을 빌미로 중국의 탄도미사일을 조기 탐지·추적하기 위한 동북아 MD와 아태 지역 MD 구축의 전제라고 할 수 있다.

이에 미국은 몇 년 전부터 사드 레이더의 한국 배치를 추진해 왔다. 미국이 이명박 정권에 사드 레이더를 백령도에 배치하자고 제안한 것도 일본 교카미사키에 두 번째 사드 레이더를 배치하기로 결정한 것과 때를 같이 한다. 당시 자위대도 시모코시키(규슈현, 2008), 사도(니가타현, 2009), 오미나토(2010, 아오모리현), 요코자테(오키나와현, 2011년)에 FPS-5 지상 조기경보 레이더를 추가 배치하는 등 미·일이 동북아 MD, 특히 센서 체계 완비에 박차를 가하고 있었다.

일본의 레이더 위치

출처 : 『일본 방위백서』.

이중에서도 한국에 배치되는 사드 레이더는 중국과 가장 가까운 지역에 설치되는 것으로, 미국의 동북아 MD 체계의 핵심 센서라고 할 수 있다.

사드 성주 배치에 이어, 서·남해나 제주 등에 두 번째 사드 레이더가 배치될 가능성이 있다. 아마도 미국은 이런 구상을 이미 마쳤을 수도 있다.

미국 주도의 전 세계 MD 체계 구축

현재 미국은 지역 MD 체계를 토대로 하는 전 세계 MD 체계를 구축하고 있다. 유럽 지역 MD, 중동 지역 MD, 아태 지역 MD가 그것이다. 이세 지역 MD를 하나로 연결해 지구적 차원의 MD를 구축하려는 것이다.

이 중에서도 유럽 지역 MD가 2011년 가장 빨리 구축에 들어가서 2020년에 완성될 예정이다. 아태 지역 MD는 2012년부터 구축에 들어갔으며, 미·일·호 MD와 함께 한·미·일 3국의 동북아 MD가 중심축을 이룬다. 중동 지역 MD도 2012년부터 아랍에미리트와 카타르 등 걸프협력기구 회원국들을 중심으로 구축되고 있다.

EPAA(유럽에서의 단계적·탄력적 접근)

2018년까지 모두 3단계에 걸쳐 구축되고 있는 EPAA는 1, 2단계가 이미 완공되어 운영 중이다. 1단계(~2011)에서는 SM-3 블록 1A를 장착한 4척의 이지스 BMD함을 지중해(스페인 로타 항)에 배치해 단·중거리 탄도미사일 공격으로부터 남부 유럽을 방어하는 MD 체계를 구축한다. 터키 말라티아에 전진 배치되어 있는 AN/TPY-2 레이더는 이란 등이 발사한 탄도미사일을 조기 탐지·추적하기 위한 것으로, 1단계의 주요 구성 요소이다.

2단계(2015)에서는 루마니아 데베셀루 기지에 SM-3 블록 1B의 지상형인 이지스 어쇼어 체계를 배치해 남부 유럽 방어를 강화하는 MD 체계를 구축한다.

3단계(2018)에서는 폴란드 레지코보 기지에 SM-3 블록 2A의 지상형 이지스 어쇼어를 구축하고 준중거리와 중거리 탄도미사일 위협으로부

유럽 MD(EPAA)

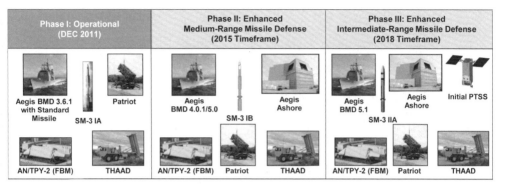

출처 : 미국 미사일방어청(MDA) 시링 청장 브리핑, 2013. 2. 22.

터 북부 유럽과 유럽 전역을 방어하기 위한 MD 체계를 구축한다. SM-3 블록 2A는 제한적이나마 미국을 겨냥한 ICBM을 요격할 수 있다.

APPAA(아시아·태평양에서의 단계적·탄력적 접근)

APPAA는 EPAA와 달리, 구축 일정이 알려져 있지 않다. 이는 아태 지역이 나토와 같은 미국 중심의 다자 군사동맹체가 결성되어 있지 않아 APPAA 구축에 대한 다자간 합의가 불가능하기 때문일 것이다.

이에 APPAA는 미국과 그 군사동맹국들을 중심으로 이원적으로 추진되고 있다. 한·미·일 MD 구축과 미·일·호 MD 구축이 그것이다. 한·미·일 MD 구축은 센서(레이더)와 요격 체계 도입, 국가 간 체계 연동, 제도적 장치 마련에 이르기까지 완성 단계에 접어들고 있다. 사드 한국 배치가 막바지 단계에 이르렀으며, 이 사드 레이더가 일본의 샤리키와 교카미사키에 배치된 2기의 AN/TPY-2 사드 레이더와 직접 연동됨으로써 한·미·일 중심의 동북아 지역 MD를 구축하기 위한 지상 레이더망의 기본틀의 완성을 앞두고 있다.

한국군은 SM-3 요격미사일을 도입할 예정이어서 APPAA도 EPAA처럼 이지스 BMD 체계가 동북아 MD 체계의 주요 요격 체계가 될 전망이다. 또한 일본은 노도 반도 등에 이지스 어쇼어를 배치해 교토·오사카·도쿄 등 혼슈 평원을 방어할 예정이다. 한국과 일본은 사드 요격 체계도 배치할 예정이다. 한·미·일 3국이 거의 동일한 요격 체계를 갖추는 셈이다.

한편 주일미군과 자위대는 2012년에 이미 통합 MD 체계를 구축하였고, 주한미군과 한국군도 2016년에 통합 MD 체계를 구축하였다. 주한미군과 주일미군의 MD 체계가 이미 연동되어 있어 주한미군과 주일미군의 MD 체계를 매개로 한·미·일, 한·일 간 통합 MD가 구축된 셈이다. 이제 한·일 MD 체계의 직접 연동과 한·미·일 통합 지휘체계를 수립하는 과제만 남아 있다고 할 수 있다. 이에 미 의회 보고서도 한·미·일 통합 MD 체계 구축에 결여된 것은 "교전 규칙 및 다양한 지휘통제 사안에 대한 … 협정"이라고 밝혔다.

호주는 2004년 7월, 미국과 BMD 기본 양해각서에 서명하고 정책 협력과 정보 공유를 촉진하였다. 호주는 조기경보 레이더와 위성으로부터 받은 미사일 발사와 추적 센서 자료를 중계한다. 호주는 앞으로 이지스 BMD함 2척을 도입해 단·중거리 탄도미사일에 대한 요격 능력을 갖출 계획이다.

그러나 호주는 오로지 대륙간 탄도미사일 위협에만 노출되어 있으며, MD로 대처할 계획이 없다. 현재 미국과 호주, 일본은 3국 간 MD 워킹그룹을 두고 있다.

따라서 APPAA는 전체적으로는 별 진전이 없으며, MD 전력에서 절대 우위인 한·미·일이 주도하게 될 것이다.

MEPAA(중동에서의 단계적·단력적 접근)

이스라엘 : 이스라엘은 아이언 돔Iron Dome, Pac-3(요격 고도 20km 이하), David Sling(다윗의 돌팔매, Magic Wand, 요격 고도 30~50km), 애로우--2(요격 고도 50~60km 이상), 애로우-3(요격 고도 100km 이상, 미국과 공동 개발 중)와 같은 다층 방어 체계를 갖추고 있다. 2017년 4월에 운영에 들어간 David Sling은 기존 PAC-2 GEM+ 체계를 대체하게 되는데, 패트리엇 체계보다 긴 사거리(250km)와 보다 나은 성능을 보유하고 있는 것으로 알려지고 있으며, Arrow-3는 함정(미니 이지스)에도 탑재할 예정이다.

센서로는 그린파인 레이더(탐지거리 500km), 슈퍼그린파인 레이더(탐지거리 900km), 그레이트파인 레이더(탐지거리 1000km 이상, 개발 중) 등을 갖추고 있다. 또한 2008년 미국은 이스라엘에 AN/TPY 2 레이더를 배치하였는데, 이는 미군에 의해 운영되고 있으며, 미국의 DSP 위성과 MD 체계에 연동되어 있다.

이스라엘의 MD는 2012년 가을 실시된 '오스터 챌린지Auster Challenge' 미·이 연합연습에서 큰 역할을 했으며, 격년제로 미국과 '주니퍼 코브라Juniper Cobra'라고 불리는 연합 MD 연습을 통해 양국 MD 체계의 통합을 꾀하고 있다.

이란은 터키에 배치되어 있는 AN/TPY-2 레이더가 이스라엘을 지켜주기 위한 것이라고 반발하며, 유사시 이 사드 레이더의 기지부터 타격하겠다고 공언하고 있다.

걸프협력기구(GCC) : 미국은 걸프협력기구 국가들(사우디아라비아·쿠웨이트·바레인·카타르·오만·아랍에미리트)을 중심으로 중동 MD 체계를 구축하고 있다.

카타르·바레인·아랍에미리트는 각각 PAC-3 2개 포대를 보유하고 있고, 사우디아라비아는 기존 PAC-2 포대를 PAC-3 configuration으로 업그레이드하고 있으며, 쿠웨이트도 PAC-3 포대를 도입하고 있다.

아랍에미리트는 2012년 미국과 2개 사드 포대 구입 계약을 맺은 첫 번째 중동 국가다. 첫 번째 사드 포대는 2016년부터 운영에 들어갔고, 두 번째 포대는 2017년에 인도될 예정인 것으로 알려지고 있다. 아랍에미리트에 이어 카타르도 2012년에 사드 1개 포대 도입 계약을 맺었으며, 오만도 2013년 5월 미국과 PAC-3와 사드 도입 계약을 맺었다. 사우디아라비아도 사드, 나아가 이지스 구축함(DDG-51 Arleigh Burke급) 도입을 검토 중이다.

미국 공군 중부사령부는 카타르 알 우데이드 공군기지에 위치한 연합항공작전센터CAOC에서 미국과 GCC 방공장교 간 일련의 정규 교환을 유지하고 있다. 이러한 교환은 지역 미사일 위협에 대한 상황 인식을 키우고 미래 MD 기획·작전 협력 가능성을 제공한다.

걸프협력기구 국가들이 더 능력 있는 MD 체계를 배치하기 시작함에 따라 미국과 이들 국가는 지역 MD 전력의 전면적인 통합을 꾀하고 있다. 걸프협력기구 회원국들이 참여하여 핵심 전략 지점에 대한 실용적이고 네트워크화된, 다층방어 지역 MD망을 구축하려는 것이다.

지난 20년간 걸프협력기구 국가들은 MD 조기경보 체계 통합에 대해 립서비스만 해왔다. 국가 간 경쟁과 약소국들이 사우디아라비아의 통제 아래 자국의 군대를 두는 것을 꺼려해 별로 진전이 없었던 것이다.

그러나 미국의 추동에 따라 사우디아라비아가 걸프협력기구를 정치 안보동맹으로 격상시키려는 시도를 하고 있다. 2012년 11월에는 오만을 제외한 걸프협력기구 5개국이 공동안보협정을 체결했으며 쿠웨이트를 제외한 4개국이 국회 비준 동의까지 마쳤다. 2013년 11월에는 통합군 사령부와 합동경찰 창설에 합의했다.

그렇지만 걸프협력기구 통합 MD를 구축하는 데는 여전히 장애 요소가 있다. 쿠웨이트는 이란의 위협에 무관심하다. 카타르는 핵무장한 이란과 공존할 수 있다고 생각하고 있으며, 특히 사우디아라비아의 위협을 이란의 위협보다 크게 받아들이고 있다. 오만은 사우디아라비아의 영향력 밖에 있으며, 이란과 가까운 관계를 유지하고 있다. 오직 사우디아라비아와 아랍에미리트, 바레인만이 이란의 지역 영향 확대에 우려하고 있을 뿐이다.

지금까지 살펴보았듯이 한·미·일 MD는 APPAA의 중심 체계로 유럽·중동 MD 체계와 함께 미국의 전 세계 MD 체계 구축의 일환이다.

2. 동북아 및 전 세계 군사동맹 구축

미국의 동북아 MD 구축은 그 자체로 머무르지 않고 동북아 지역의 군사동맹 구축으로 나아간다. 특히 아태 지역에서 유럽의 나토와 같은 다자간 군사동맹 구축을 꾀하고 있다. 이는 2차 세계대전이 끝난 후 미국의 해묵은 숙원 사업이었다.

하지만 일제의 식민지 침략과 지배를 경험한 나라들, 특히 한국이 불법 침략과 식민지 지배를 인정하지도, 사죄하지도 않는 일본과 군사동맹을 맺는다는 것은 한국민의 반일 감정상 받아들이기 어려워 한·미·일 등 다자간 군사동맹을 결성하지 못했다.

그런데 미국이 최근 들어 미국 주도의 동북아 다자 군사동맹 구축에 적극 나서면서 실질적인 성공을 눈앞에 두고 있다. 바로 한·미·일 통합 MD 구축이 강력한 촉매제로 작용하고 있는 것이다.

미국 주도의 한·미·일 군사동맹 구축

미국은 오바마 집권 말기까지 아태 지역 군사동맹 구축의 주축이자 중국 포위를 겨냥한 이른바 '아시아 재균형 전략'의 종착점으로서 한·미·일 군사동맹 구축에 힘을 쏟아 왔으며, 이제 그 마지막 문턱을 넘고 있다.

미국이 한국에 일본과의 위안부 문제의 야합을 강제한 것이나, 오바마 대통령의 히로시마 전격 방문으로 일본의 불법적 침략전쟁의 책임을 면해 준 것, 그리고 한국인 원자폭탄 희생자의 존재를 인정하는 최소한의 조치를 취한 것 등은 모두 미·일 동맹 강화, 나아가 한·미·일 동맹을 구축하기 위한 한국과 일본 내 정치·사회적 분위기를 조성하려는 데 그 목적이 있었다.

한·미·일 MD는 한·미·일 군사동맹을 구축하기 위한 매개고리

한·미·일 군사동맹을 군사적 측면에서 견인해낼 매개고리가 다름아닌 한·미·일 MD다. 이에 미 의회 보고서도 "통합 탄도미사일 방어 체계가 보다 제도화된 지역 집단방위(군사동맹)의 견인차"[3]가 될 것으로 예상하고 있다. 이른바 중국과 북한의 탄도미사일 위협에 한 국가의 영역을 넘어서 미·일이 공동으로 대응해야 하는 MD 작전의 전구적·지역적·지구적 차원의 특성을 이용해 미국과 일본이 한국을 한·미·일 통합 MD와 군사동맹 구축에 적극 끌어들이고 있는 것이다.

한·미·일은 지난 2010년부터 실시하고 있는 '태평양 드래곤'과 같은 연합 MD 훈련을 더욱 고도화하고, 한·미·일 전력이 주축이 된 대량살상무기확산방지구상PSI, Proliferation Security Initiative과 같은 대북 차단 훈련 등 한·미·일 연합 훈련을 더욱 전면화하여 한·일 군사 관계를 정보 분야에서 작전·군수 분야 전반으로 확대함으로써 (준)군사동맹으로 나아가고 있다.

제주 남방 해역이나 하와이 인근 해역 등에서 실시해 온 '태평양 드래곤' 연합 MD 연습은 일본 본토와 오키나와, 미 본토를 겨냥한 북한 탄도미사일을 탐지·추적하기 위한 다자간 MD 훈련으로, 동북아 지역 MD와 군사동맹 구축을 목표로 하고 있다.

2013년 3월, 당시 제임스 밀러 미 국방부 차관은 미국의 정책 연구기관 '애틀랜틱 카운슬Atlantic Council'이 주최한 MD 토론회에서 한·미·일이 '태평양 드래곤' 연습에서 거의 동시에 발사된 2기의 탄도미사일을 성공적으로 추적했다면서 "동맹 간 센서 자료 공유를 포함한 지역 MD 체계 구축"을 강조했다. 또한 한·미·일 3국 간 지역 MD에 대한 논의가 "국제 MD 협력을 확장하고 지역 안보의 틀을 강화"시키기 위한 일환이라고 밝혔다.

PSI는 핵 또는 생화학무기 같은 대량살상무기의 확산을 막기 위해 무기와 제조용 물질을 실은 선박이나 항공기 등을 물리적으로 차단하는 계획으로, 부시 정권 때인 2003년 9월 'PSI 차단 원칙'에 합의하면서 시작되어 세계 주요 국가들이 주최국이 되어 대북·대이란 해상·항공 차단 훈련을 전개해 왔다. 한국은 부시 정권의 압력에도 불구하고 남북관계 악화와 북한과의 물리적 충돌 가능성을 우려해 참가를 보류했으나 이명박 정권이 들어선 2009년부터 참가로 돌아섰다.

태평양 지역에서는 미국·한국·일본·호주 등이 주최국이 되어 대북 차단 훈련을 전개했으나 국제법과 상충되어 실효성이 없었다. 그러나 한·미·일은 이러한 훈련을 연합으로 전개하며 관련 정보를 공유하고, 작전 수행과 군수 지원 등에서 협력 수준을 높여 가면서 군사동맹 수준으로까지 나아가고 있는 것이다.

한·미·일 통합 MD와 군사동맹의 제도화

이런 한·미·일 통합 MD와 군사동맹 구축을 제도적으로 뒷받침하기 위해 미국과 일본이 주도하여 체결한 것이 한·일군사정보보호협정 GSOMIA 이며, 한·일 물품용역상호제공협정 ACSA 체결도 물밑에서 계속 추진 중에 있다. 잘 알려진 것처럼 한·일군사정보보호협정은 이명박 정권이 밀실에서 추진하다가 2012년 6월 체결 직전에 들통이 나면서 폐기된 바 있다. 이에 한·미·일은 2014년 12월, 국회의 동의를 필요로 하지 않는 '한·미·일 군사정보공유약정'을 체결해 한·일군사정보보호협정을 대신했다.

2015년 3월 31일, 워싱턴에서 개최된 한·미·일 정상회담 후 아베 총리는 "한·일 안보상의 정보공유에 필요한 한·일군사정보보호협정의 조기 체결을 포함한 3국 간 안보 협력에 대해 협의를 진행키로 합의하였다"[4]고 밝혔다. 미국과 일본은 한국에 한·일 간에 직접 정보를 공유할 뿐만 아니라 국제법적 구속력을 갖는 군사정보보호협정의 체결을 압박해 왔으며, 그 결과 2016년 11월 23일, 촛불집회가 한창인 가운데 버젓이 협정이 체결되었다.

한·일 물품용역상호제공협정도 한·미·일, 특히 한·일 연합작전 수행을 지원하기 위한 제도적 장치다. 전 세계로의 진출을 꾀하는 일본 자위대가 집단자위권을 행사하게 될 1차 대상지가 한반도라는 사실은 두말할 나위가 없다. 이에 일본으로서는 동북아와 한반도에서 자위대 작전의 원활한 수행을 위해 한국과의 물품용역상호제공협정 체결이 무엇보다도 긴요한 과제라 할 수 있다.

미국과 일본은 2007년에 미·일 군사정보보호협정을 체결했으며, 일본과 호주는 2010년에 일·호 물품용역상호제공협정을, 2012년에는 일·호 군사정보보호협정을 체결했다. 한국도 2009년에 호주와 한·호 군사정보보호협정을 체결했다.

현재 한·미·일과 미·일·호 두 축으로 진행되고 있는 군사동맹 구축 움직임은 미·일을 매개고리로 상호 결합되어 미국 주도의 아태 지역 다자 군사동맹체 구축으로 나아갈 것이다.

한·미·일 군사동맹, 나토 개별 파트너십 가입으로 나토와도 결합

나아가 한·미·일 군사동맹은 한·일·호 3국의 나토 개별 파트너십 가입으로 이미 아태 지역에 진출해 있는 나토와도 결합하게 된다. 미국과 영국 중심의 나토와 미국과 일본 중심의 아태 지역 다자 군사동맹을 결합시킴으로써 미국 주도의 전 세계적인 군사동맹이 구축되는 것이다.

이러한 미국 주도의 지구적 차원의 MD 및 군사동맹 구축은 중국과 러시아, 특히 중국을 포위하려는 탈냉전 이후 미국의 세계 군사전략적 의도가 실현된다는 것을 의미한다.

그러나 이와 함께 세계적 차원의 신냉전체제의 도래라는 후과도 낳게 된다. 동북아와 한반도에 신냉전체제가 들어섬으로써 전략과 전력에서 냉전시대를 능가하는 미국·일본·한국·호주 대 북한·중국·러시아 간의 군사적 대결 구도가 형성되는 것이다.

그렇다고 북·중·러 관계가 군사동맹으로까지 발전하기는 어렵다. 북·중 관계가 군사동맹 관계라고는 하나 형식적인 것이 지나지 않고, 중·러 관계도 군사협력을 강화하는 정도로 양국 모두 군사동맹 결성에 부정적이다. 북·러 관계도 군사협력 이상으로 나아가긴 어렵다.

이렇듯 한국 사드 배치와 한·일군사정보보호협정 체결은 동북아 MD 와 군사동맹 구축, 나아가 세계 MD와 군사동맹 구축으로 아태 지역은 물론, 세계 패권을 유지·강화하려는 미국의 핵심 이해와 군사전략이 그 배경에 깔려 있다.

　따라서 사드 배치는 단순히 무기 체계 하나를 도입하는 문제가 아니 며, 또한 한국과 미국의 일개 정권 차원에서 정략적으로 추진하는 일시 적이고 전술적인 사안도 결코 아니다. 이는 어디까지나 세계 패권을 유 지·강화하려는 미국의 국가적 이해와 군사전략에 따라 강고하고도 집요 하게 추진되고 있는 지역적·지구적 차원의 전략적 사안이다.

3. 중국 견제 위한 한·미·일 집단방위 행사

한·미·일 MD 체계와 군사동맹 구축은 미·일 주도의 동북아 지역 집단방위를 행사하는 데 궁극적 목적이 있다. 미국을 축으로 한 한·미·일 통합 MD 체계 및 군사동맹 구축은 한·미·일이 주체가 되는 동북아 지역의 집단방위를 견인하게 된다.

한·미·일 통합 MD 체계와 군사동맹 구축은 한·미·일 집단방위의 축

나토는 2010년 개최된 리스본 정상회담에서 나토 통합 MD 체계를 "(나토 회원국들 간) 집단방위의 핵심 임무로 추진"해 나가기로 결정하였다. 이는 나토 통합 MD 체계가 나토 집단방위의 한 축을 형성한다는 의미다. 지금까지는 공격에 의한 억제를 나토 집단방위의 축으로 삼아 왔지만 MD, 곧 방어에 의한 억제도 나토 집단방위의 한 축으로 삼겠다는 의도로, 부시 정권 이래로 방어MD를 억제의 한 축으로 삼아 왔던 미국의 신 3원 핵 전략을 나토에 적용시킨 것이다.

그러나 아태 지역은 유럽과 달리 나토와 같은 다자 군사동맹체가 결성되어 있지 않아 다자간 집단방위를 행사할 수 없다.

이에 오바마 정권은 "BMD에 초점을 맞춘 (한·미·일) 안보 협력의 확대·강화는 일본의 군사적 의도(침략)에 대한 한국과 중국의 우려를 둔화시키는 긍정적 효과"[5]가 있다는 꿍꿍이 속에 "통합 BMD 체계를 보다 제도화된 (동북아) 지역 집단방위의 견인차"로 삼아 왔다. 즉 미국은 대북 탄도 미사일 방어를 명분으로 한·미·일 통합 MD 체계를 구축하고 이를 토대로 한·미·일 간 동북아 지역 다자 군사동맹체 결성과 집단방위를 행사하려는 수순을 밟아 왔으며, 이제 그 성사를 눈앞에 두고 있는 것이다.

이렇듯 한·미·일 통합 MD 체계 구축과 군사동맹의 결성은 동북아 지역 집단방위를 미리 상정하고 있다.

집단방위는 곧 동맹의 집단적 무력행사

집단방위란 "우적 개념에 입각해… 적이 미리 정해진 상태에서… 블록(군사동맹)의 회원을 보호"[6]하기 위한 집단적 무력행사의 한 형태를 말한다. 이 무력행사에는 선제공격도 포함된다. 나토 등 다자 군사동맹이나 한·미, 일·미 동맹 등 양자 군사동맹은 바로 이 집단방위에 의거해 적국에 대해 무력을 행사한다.

군사동맹은 집단방위를 행사하면서 그 국제법적 근거로 집단자위권(유엔헌장 51조)을 내세운다. 그러나 집단자위권은 유엔 주도의 집단안보를 구현하기 위한 물리적 힘으로 제3국의 타국에 대한 "무력공격을 금지", "침략행위를 저지"[7]하기 위해서만 행사되어야 한다. 따라서 집단자위권은 타국에 대한 무력공격이 자국에 명백한 위협이 되는 경우로 엄격히 한정해 행사되어야 하며, 선제공격을 포함할 수 없다. 이런 점에서 집단자위권은 집단방위와는 질적으로 구별되며, 집단방위 행사의 법적 근거가 될 수 없다.

만약 집단자위권을 집단방위와 동일시하면 "상호방위조약만 체결하면 집단자위권을 발동할 수 있기 때문에 유엔헌장에 예정하였던 집단적 안보체제가 근본적으로 전복"되고 "강대국의 약소국에 대한 침략을 정당화할 수 있는 구실을 제공"[8]함으로써 동맹의 불법적 무력행사에 면죄부를 주게 된다. 미국과 옛 소련이 집단자위권 행사를 명분으로 타국을 침략했던, 곧 집단방위를 행사했던 사례들이 이를 잘 입증해 준다.

그렇다면 아베 정권이 해석 개헌을 통해 행사하겠다는 일본의 집단자위권도 미·일 동맹을 주체로 하는 양자 집단방위나 한·미·일 동맹을 주체로 하는 동북아 지역 집단방위를 행사하기 위한 구실과 명분에 지나지 않는다.

한·미 연합군의 대북 선제공격론이나 미·일 연합군의 대북 선제공격론(일본의 소위 적기지 공격론)이 언론에 공공연히 오르내리고, 심지어 한·미·일 연합군의 대북 선제공격 가능성까지 배제할 수 없는 것도 집단방위가 지닌 이런 불법적·공세적 성격에서 비롯되는 것이다.

한국의 동북아 지역 집단방위 참여가 의미하는 것

한국이 미·일 주도의 통합 MD 체계와 다자간 군사동맹과 집단방위에 참여하는 문제는 역대 정권의 뜨거운 감자였다.

노무현 정권은 2006년 1월, 부시 정권의 압력으로 한국형 MD 구축과 주한미군의 전략적 유연성을 허용했지만, 주한미군이 동북아(양안) 분쟁에 개입하는 것만큼은 허용하지 않음으로써 한국이 동북아 MD와 지역 동맹에 가담하는 것을 거부하였다.

이명박 정권은 2009년 5월, '한·미 공동 비전'을 채택하여 한·미 동맹이 지역 동맹으로 확장될 수 있는 빗장을 열었으나 KAMD의 하층방어틀을 유지하고, 미국의 사드 레이더 백령도 배치 요구를 거절했으며, 한·일군사정보보호협정 체결을 끝내 포기함으로써 한·미·일 MD 체계 및 군사동맹 구축과 집단방위의 선을 넘지는 않았다.

그러나 박근혜 정권은 주한미군의 사드 배치 허용, 한·일군사정보보호협정 체결, 한국군과 주한미군의 TMO-Cell 연동 등을 통해 끝내 한·미·일 통합 MD 체계와 군사동맹 구축 및 집단방위의 길로 들어서고 있다.

이제 한·일 물품용역상호제공협정을 체결하고 이명박 정권 하에서도 모색한 바 있는 한·일 혹은 한·미·일 안보선언을 채택하면 그동안 한·미상호방위조약에 의거해 한국 방위로 임무와 역할을 국한해 왔던 한·미 동맹은 한·미·일 동맹의 한 축이 되어 동북아 집단방위라는 지역 임무와 역할도 함께 수행하는 명실상부한 지역동맹으로 탈바꿈하게 된다.

한·미·일 군사동맹과 집단방위는 북한의 위협을 명분으로 내세우지만 실은 미국과 일본에 가장 큰 위협(?)이 되는 중국을 잠재적인 적으로 삼게 되어, 전·평시 군사 활동과 작전의 중심을 대중 견제와 압박에 두게 된다. 나토가 이란의 위협을 명분으로 해 러시아를 잠재적인 적으로 삼는 것과 같다.

한·미·일 집단방위는 1차적으로 한반도 유사시 미 증원군에 대한 중국군의 개입을 억제(?)하고 북한군의 공격을 무력화하기 위해 발동될 수 있다. 이를 명분으로 일본 자위대가 남한에 들어오거나 북한을 공격할 수도 있다. 아울러 양안 분쟁이나 동중국해 센카쿠(다오위다오) 열도 분쟁에 주한미군이, 그 뒤를 따라 한국군이 개입할 수도 있다. 동북아 지역에 대한 주한미군의 이른바 '전략적 유연성' 행사가 전면 허용될 수 있는 것이다.

이처럼 한국이 한·미·일 집단방위에 가담하게 되면 우리의 이해에 반해 중국과 군사적으로 적대하고, 미·중/중·일 대결의 전초기지와 첨병으로 전락하며, 자위대의 한반도 침입을 자초하게 된다.

이를 한·미·일 MD 체계 운용에 적용하면 이 체계는 북한의 탄도미사일 전력과는 비할 바 없이 미국과 일본에 위협이 되는 중국의 탄도미사일을 방어하는 임무를 중심에 두게 된다. 따라서 한·미·일 통합 MD 체계가 구축되면 한국 MD 체계도 중국의 탄도미사일을 방어하는, 즉 중국의 탄도미사일이 주로 겨냥할 일본과 미 본토를 방어하는 임무를 띠게 될 수밖에 없다.

이때 한·미 통합 MD 지휘 체계는 한국 MD 체계가 한반도 전구 임무보다는 동북아 지역 임무나 미 본토를 지켜주는 전략 MD 임무에 보다충실히 복무하도록 보장해 주는 매개고리 역할을 하게 된다. 한국이 미·일을 겨냥한 북·중 탄도미사일을 탐지해 정보를 제공해 주거나 요격해주고 그 대가로 중국의 공격 대상이 되는 것이다.

6

미국 주도의
동북아 MD와
군사동맹,
무엇을 노리나

1. 미국 절대 우위의 전략지형 구축

현재 미·중 간 전략지형을 보면 미국 우위의 전략안정을 유지하고 있다고 할 수 있다. 그러나 사드가 한국에 배치되고 미·일 주도의 한·미·일 통합 MD가 구축되면 미국 절대 우위의 전략지형으로 바뀔 수 있다. 동북아 전략지형의 전변을 강제할 수 있는 지렛대가 바로 동북아 MD인 셈이다. 여기에서 한국에 배치된 사드는 미국을 겨냥한 중국의 대륙간 탄도미사일을 무력화하는 데 결정적 역할을 할 수 있다.

한국 배치 사드는 미국을 겨냥한 중국의 대륙간 탄도미사일을 부스트 단계부터 상승 단계에 이르기까지 조기에 탐지·추적할 수 있다. 미국이 이지스 BMD나 미국 알래스카와 캘리포니아에 배치된 지상배치요격미사일로 중국의 대륙간 탄도미사일을 4~5번 요격할 수 있는 조기경보를 제공해 줌으로써 중국의 대륙간 탄도미사일을 무력화하는 것이다.

더욱이 중국은 핵 강대국 중에서 유일하게 핵 선제 사용 정책을 포기한 나라다. 반면 미국은 핵 강대국 중에서 유일하게 핵 선제 사용 정책을 포기한 적이 없는 나라다. 따라서 미국 MD에 의해 중국의 대륙간 탄도미사일이 일부라도 무력화된다면 중국의 대미 억지력, 곧 미·중 간 전략 안정은 근저에서부터 무너지게 된다.

이에 미국 과학자연맹도 미국 MD가 미·중 간 전략안정을 흔들 수 있다는 보고서[1]를 낸 바 있다. 중국이 보유하고 있는 대륙간 탄도미사일이 50여 기에 지나지 않아 미국이 현재 보유하고 있는 GBI를 비롯해 SM-3 블록 2A, 2B 등 500여 기의 요격미사일만 갖춰도, 10%의 요격 효과가 있다고 가정할 때 중국의 대륙간 탄도미사일을 전면 무력화할 수 있다는 것이다.

중국의 인민대 교수 우르치앙吳日强도 미국이 현재의 MD 능력을 획기적으로 강화하면, 중국이 대륙간 탄도미사일 전력을 강화하지 않는 한, 중국의 대미 보복 능력이 무력화되어 현재의 미·중 간 전략안정이 1980년대 이전의 미국 절대 우위의 전략지형으로 다시 기울게 된다고 분석하고 있다.[2] 이에 그는 사드 한국 배치와 동북아 MD 체계 구축 등으로 미국이 MD 능력을 강화하는 것을 중단하는 대신, 중국도 핵무기 현대화 작업을 중단하여 핵 전력을 현재의 수준에서 동결함으로써 지금과 같은 미국 우위의 전략안정을 유지할 것을 제안하고 있다.

2016년 4월 1일 개최된 미·중 정상회담에서 시진핑 주석이 오바마 대통령에게 사드 한국 배치가 "지역의 전략안정을 훼손한다"며 강력히 반대한다는 의사를 밝힌 것도 사드 한국 배치가 가져올 미·중 간 전략안정에 대한 부정적 파장을 크게 우려하기 때문이다.

이렇듯 미국의 사드 한국 배치와 동북아 MD 구축은 미국의 MD 능력을 획기적으로 강화시켜 중국의 대륙간 탄도미사일의 현대화와 전력 강화 수준을 훨씬 뛰어넘는 전력을 갖추게 함으로써 현재의 미·중 간 전략안정을 미국 절대 우위의 전략지형으로 뒤바꾸어 놓을 수 있다.

2. 미·일 절대 우위의 지역지형 구축

사드 한국 배치는 미·중 간 전략지형뿐 아니라 지역안정도 함께 흔들게 된다. 한국전쟁 이래로 미국은 중국과 북한을 봉쇄하며 동아시아·태평양 지역에서의 패권을 유지해 왔다. 지금도 미국과 일본의 해·공군력은 중국에 비해 압도적 우위를 점하고 있다. 특히 한반도 남단에서 시작해 동중국해와 남중국해를 지나 중동에 이르는 해상수송로는 미국의 해상 패권을 상징한다. 미국은 이 지역에 미군을 전진 배치하고 항공모함 등의 전력 투사로 해상 패권을 지켜 왔으며, 최근에는 자위대의 해·공군 전력을 남중국해에 투사하는 등 일본의 가세로 중국과의 지역 대결에서의 우위를 더욱 굳히려 하고 있다.

그럼에도 불구하고 최근 중국의 해군력 강화와 원해 진출, 북한의 핵 보유 등으로 동아시아·서태평양 지역에서의 미국 패권이 도전을 받고 있다. 중국은 항공모함과 핵잠수함 등의 전력을 강화하며 일본~오키나와~필리핀~브루나이로 이어지는 이른바 제1도련선을 넘어 일본(오가사와라)~괌~파푸아뉴기니로 이어지는 제2도련선의 돌파까지 시도하고 있다.

제1·2도련선

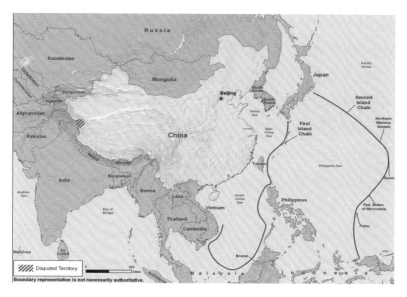

이와 같은 미·중 간 서태평양 상의 대결 구도에서 중국이 육상에서 대함 탄도미사일 등을 발사하여 미국 항공모함을 축으로 하는 미·일 해군력의 접근과 지역 작전을 제약(이른바 중국의 반접근/지역거부Anti Access/Area Denial 전략)할 수 있다면, 미국과 일본의 해군력에 비해 크게 뒤떨어지는 중국 해군으로서는 전력 증강 이상의 작전 효과를 누리게 될 것이다. 특히 미 항공모함을 타격할 수 있다는 중국의 준중거리 탄도미사일 DF-21D와 중거리 탄도미사일 DF-26D는 제1, 제2 도련선 내에서 미국과 일본의 해군력을 견제하는 데 큰 효과를 발휘하게 될 것이다.

　그런데 한국에 배치된 사드 레이더가 오키나와나 괌 등의 미군기지를 겨냥해 발사되는 중국과 북한의 중거리 탄도미사일이나 1·2 도련선 내의 항공모함 등을 비롯한 미·일 해상 전력을 공격하는 DF-21D와 DF-

26D 등의 탄도미사일을 조기에 탐지·추적, 미군 요격 체계에 관련 정보를 제공하여 이들 탄도미사일을 무력화할 수 있다면 중국 전략군과 해군은 적잖은 타격을 받게 될 것이다.

만약 북한의 잠수함발사탄도미사일을 방어한다는 명분을 들어 서남해 지역에 사드 체계를 배치한다면 1·2도련선을 향해 발사되는 중국의 탄도미사일을 더욱 효과적으로 탐지·추적할 수 있게 될 것이다.

이렇게 되면 미국은 1·2도련선 내에서 지금까지 누려온 해상 패권을 계속 유지할 수 있는 것은 물론, 미·중 또는 중·일 간 지역 안정도 미국과 일본 우위로 고착될 수 있다.

이처럼 미국은 사드 한국 배치로 미국 주도의 동북아 통합 MD를 구축함으로써 미·일 지역 패권에 대한 중국의 도전을 잠재우고 미·일 우위의 지역 패권을 계속 유지·강화해 나가려 한다.

3. 일본의 집단자위권 행사와 대북 선제공격

　　　　　　　　　　아베 정권은 일본 집단자위권(집단방위) 행사의
첫 번째 사례로 미국을 겨냥한 북·중 탄도미사일 요격과 북·중 탄도미
사일로부터의 미국 함정과 한국 함정 방호 등을 들고 있다.

　현재 일본은 '미·일 가이드라인 2015'와 '개정 자위대법'에 의거, 평
시에도 미국 함정 등을 방호하고 있다. 따라서 북·중 탄도미사일의 조기
탐지와 추적이 일본 집단자위권의 성공적 행사의 관건이라 할 수 있다.

　그런데 한국 배치 사드 레이더는 미국을 겨냥한 북한과 중국의 장거리
탄도미사일 탐지·추적은 물론, 동북아와 동중국해에서 작전하는 미·일
함정을 겨냥한 북·중 탄도미사일을 조기 탐지·추적해 미국과 일본에 제
공함으로써 미군 함정 등을 방호하게 된다. 다시 말해 일본 자위대 함정
등이 미군 함정과 집단자위권을 행사할 때 효율적인 작전을 펼 수 있도
록 뒷받침해 주는 것이다. 자위대는 한국 함정도 방호할 뜻을 밝히고 있
으며, 한국 해군도 이를 선호하고 있다.

미·일의 대북 선제공격 뒷받침

일본 자위대가 집단자위권을 행사하게 될 첫 번째 지역은 다름 아닌 한반도다. 만성적인 전쟁 위기에서 벗어나지 못하고 있는 한반도에서 우발적인 충돌이나 국지전, 또는 전면전이 발생할 가능성은 세계 그 어느 지역보다도 높다.

일본은 북한으로부터 직접 무력공격을 당하지 않더라도 한반도에서 평시 우발 충돌을 비롯한 무력충돌이 발생할 경우, 이를 소위 일본의 '존립위기사태'로 간주해 집단자위권 행사에 나설 수 있다. 평시 미군 함정 방호 시나 이른바 일본의 '중요영향사태' 시 미군 지원에 나선 자위대가 북한군과 무력충돌을 벌일 수 있으며, 이때도 일본은 집단자위권을 행사할 수 있게 된다.

이렇듯 자위대는 평시, 중요영향사태 시, 존립위기사태* 시 언제라도 집단자위권을 행사할 수 있다. 이 과정에서 일본은 북한이 대일 무력공격을 감행할 수 있다고 판단되면 언제든 대북 선제공격에 나설 수 있다. 이른바 '적기지 공격론'이다.

아베 정권의 '적기지 공격론'은 일본의 안보법 제·개정 과정에서 나카다니 겐中谷元 전 방위상 등이 의원 질의에 대한 답변 과정에서 적극적으로 주창했는데, 이를 전후해 미국과 일본은 미·일 공동의 대북 선제공격 작전계획(5055) 수립과 선제공격 전력 도입에 적극 나서고 있다.

---

* 존립위기사태 : 일본과 밀접한 관계에 있는 타국에 대한 무력공격이 발생하여, 이로 인해 일본의 존립이 위협받고 국민의 생명과 자유 및 행복 추구의 권리가 근저로부터 전복될 명백한 위험이 있는 사태. 일본의 집단자위권을 행사하기 위한 논리.

일본이 대북 선제공격을 감행할 때 전제가 되는 것은 일본을 타격할 수 있는 북한 노동미사일에 대한 방어 능력이다. 자위대가 대북 선제공격을 통해 북한 노동미사일을 파괴한다고 해도 살아남은 노동미사일이 일본을 공격할 경우, 이를 요격할 수 있는 능력을 갖춰야 하기 때문이다.

이때 일본에 가장 중요한 것은 일본을 겨냥해 날아오는 노동미사일을 조기 탐지·추적할 수 있는 능력이다. 바로 한국 배치 사드 레이더가 노동미사일에 대한 조기경보를 강화시켜 줄 수 있다. 일본 본토를 겨냥한 노동미사일을 측면에서 조기 탐지·추적할 수 있어 일본 배치 사드 레이더보다 해상도가 훨씬 뛰어난 정보를 생산해 낼 수 있기 때문이다.

이렇듯 한국 배치 사드는 평시·유사시 일본의 집단자위권 행사와 대북 선제공격을 뒷받침해 줌으로써 북한의 대일 억제력을 약화시킬 수 있다.

한국 MD, 주로 미국과 일본 방어에 복무

지금까지 살펴본 것처럼 한국 배치 사드는 미국의 세계 군사전략에 따라 오로지 중국을 견제하고 미국과 일본을 지켜주기 위한 것이다. PAC-3와 사드 요격 체계만 허울 좋은 남한 방어에 쓰일 뿐, 사드 레이더와 이지스 레이더, 한국이 도입을 추진 중인 SM-3 이지스 BMD 요격 체계는 미국과 일본을 지켜주기 위한 MD 상층방어에 주로 쓰이게 된다.

한·미, 한·미·일 통합 MD 지휘체계의 작전통제권을 누가 행사하느냐는 한국 MD가 한국인과 한국군을 지키기 위해 복무할 것인지 아니면 미국과 미군, 일본과 자위대를 위해 복무할 것인지를 가르는 시금석의 하나가 될 것이다.

불행하게도 한국은 미·일이 주도하는 동북아 MD의 하위 체계로 편입되어 미국이 실질적으로 작전통제권을 행사하게 될 한·미·일 통합 MD 지휘체계의 작전통제를 받아 주로 미·일 방어 임무에 복무하게 될 것이다.

7

가장 대미
종속적인
한·미 통합
BMD 체계

미국은 미 본토와 지역 주둔 미군 방어를 명분으로 지구적 차원의 탄도미사일방어 체계를 구축하고 있다. 그런데 이들 지역 MD 체계 구축의 요체는 해당 지역 국가들의 MD 자산을 지역 MD의 통합 지휘통제체계로 연동시키는 데 있다.

그러나 지역 통합 MD 지휘통제체계 구축은 국가 간에 첨예한 이해가 걸려 있어 갈등과 대립이 야기될 수밖에 없다. 나토 통합 MD 지휘통제체계를 둘러싸고도 미국과 나토 유럽 회원국들 간에 대립이 발생했으며, 지금까지도 완전히 정리된 것 같지는 않다.

미·일, 한·미 통합 MD 지휘통제체계의 구축을 둘러싸고도 관련 국가들 간에 대립이 있을 수밖에 없다. 이에 미 의회 보고서도 "누가 요격을 지휘할지와 같은 난제를 해결해야 한다"[1]고 밝히고 있다.

그런데 한·미 통합 MD 체계는 나토나 미·일 통합 MD 체계에 비해 훨씬 더 대미 종속적인 체계가 될 가능성이 크다. 뿐만 아니라 한·미·일 통합 MD 체계 구축으로 한국은 일본에도 군사적으로 종속될 가능성이 있다. 그 이유를 지역 MD 체계의 성격과 방어 임무, 지휘체계, 비용 부담 등의 비교를 통해 밝히기로 한다.

1. 지역 통합 MD 체계의 특성과 방어 임무

MD 체계의 특성은 MD 체계의 방어 임무를 규정한다. 하층방어 체계는 방어 지역이 협소해 주로 한 나라의 군과 주요 자산을 보호하는 임무를 맡는다. 반면 상층방어 체계는 방어 지역이 광범위해 군뿐만 아니라 영토 전체와 주민들까지 방어하는 임무를 갖는다. 나아가 일국의 방어를 넘어 지역을 방어할 수 있고, 지역에서 수천 킬로미터 떨어진 미 본토까지도 방어할 수 있다.

이에 미국은 지역 상층 MD 체계를 구축하고 지역 국가들을 이 체계에 편입시킴으로써 지역 주둔 미군과 미 본토 MD 방어에 이용하려 하고 있다. 따라서 특정 국가가 미국 주도의 지역 MD 체계에 참여하면 그 나라는 미 본토 MD를 위한 전초기지로 전락할 수밖에 없다.

또한 지역 통합 MD 체계는 잠재적 적국의 탄도미사일 자산에 비해 MD 자산이 절대적으로 열세인 까닭에 방어 우선순위를 놓고 지역 국가들 간에 대립이 발생할 수 있다. 이는 주로 지역 통합 MD 체계를 주도하는 미국과 미국보다 MD 전력과 작전 능력이 떨어지는 지역 국가 간에 발생한다. 즉, 지역 주둔 미군과 미 본토 방어가 우선이냐, 지역 국가의 영토와 주민 방어가 우선이냐는 대립으로 나타나게 된다.

이 문제는 결국 지역 통합 MD 체계의 최종 사격통제권을 누가 행사할 것인지로 압축된다. 어느 국가든 작전통제권을 직접 행사하여 자국의 영토와 국민을 우선적으로 방어하고 군사주권을 지키려고 하기 때문이다.

한편 지역 통합 MD 체계에 참여하게 되면 주도국인 미국의 MD 자산, 특히 상층방어 체계 자산의 도입을 강요받아 MD 비용 부담이 급증할 수밖에 없다.

나토 통합 MD 체계의 성격과 방어 임무

나토 통합 MD 체계의 성격

나토 통합 MD 체계는 나토의 독자적인 MD 체계인 '능동다층전역 탄도미사일방어 ALTBMD'와 미국의 유럽 MD 체계인 '유럽에서의 단계적·탄력적 접근 EPAA'을 연동시킨 체계다. 나토의 ALTBMD는 단·중거리 탄도미사일을 방어하기 위한 전술/전역(전구) 하층방어 체계이고, 미국의 EPAA는 단·중거리 탄도미사일과 제한적이나마 장거리 탄도미사일을 방어하기 위한 지역/전략 상층방어 체계이다.

나토와 미국은 2012년 5월, 독일 램스타인 공군기지에 탄도미사일방어작전센터 BMDOC를 설치해 ALTBMD와 EPAA를 연동시킴으로써 나토 통합 MD 체계로 발전시켰다. 한편 부시 정권이 폴란드(요격미사일 기지)와 체코(레이더 기지)에 건설하려던 제3GBI 기지는 알래스카, 캘리포니아 GBI 기지에 이어 전적으로 미 본토를 방어하기 위해 러시아의 대륙간 탄도미사일을 상층에서 요격하기 위한 MD 체계였다.

나토 유럽 회원국들이 하층방어 위주의 전술/전역 MD 체계를 구축한 것은 상층방어 체계 구축에 따른 재정적·기술적 어려움과 러시아와의 관계 악화를 우려했기 때문이다.

그러나 나토는 2010년 리스본 정상회담에서 "탄도미사일 방어 능력을 나토 집단방위의 핵심 임무로 추진해 나가기로" 하고 전역 ALTBMD 체계(하층방어 체계)를 지역 MD 체계(상층방어 체계)로 확장하기로 결정했다. 이는 2009년 오바마 정권이 부시 정권의 제3GBI 기지 계획을 폐기하고 EPAA를 나토 통합 MD 체계의 한 부분으로 제공함으로써 가능해졌다. 미국의 EPAA 제공으로 상층 MD 체계를 구축하는 재정적·기술적 부담을 덜게 된 것이 나토 회원국들이 상층방어 BMD 체계 구축에 나서게 된 동인으로 작용한 것이다.

하지만 나토의 상층 MD 체계가 구축되면 러시아와의 관계가 악화하리라는 것은 충분히 예견된 일이었다.

나토 통합 MD 체계의 방어 임무

나토 통합 MD 체계의 방어 임무가 무엇인지는 리스본 정상회담 선언과 나토의 ALTBMD와 미국의 EPAA의 능력으로 판단해 볼 수 있다.

리스본 나토 정상회담 선언은 나토 통합 MD 체계의 방어 지역을 미국이 아닌 유럽 주민과 영토, 군으로 규정하고 있다. 또한 나토의 ALTBMD 요격 체계는 패트리엇과 SAMP/T 지상·해상 요격 체계 등으로 구성되어 단·준중거리 탄도미사일을 요격할 수 있을 뿐, 유럽 지역 방어가 어려우며 미 본토 방어는 더더욱 불가능하다.

미국의 EPAA는 PAC-3와 이지스 BMD 체계로 구성되어 단·중거리 탄도미사일 공격으로부터 유럽 지역을 방어할 수 있으나 대륙간 탄도미사일 공격으로부터 미 본토를 제한적으로밖에 방어하지 못한다. 더욱이

SM-3 블록 2A보다 우수한 대륙간 탄도미사일 요격 능력을 갖춘 SM-3 블록 2B를 배치하기로 한 EPAA 4단계를 폐기함으로써 EPAA의 미국 방어 능력은 크게 줄어들었다. 따라서 나토 통합 MD 체계는 미 본토보다는 유럽을 방어하기 위한 체계라고 할 수 있다.

그러나 EPAA가 부분적으로나마 미 본토를 방어할 수 있는 만큼 EPAA의 탄도미사일 방어 전력을 배치하는 스페인·루마니아·폴란드 등 동남유럽은 서유럽과 미 본토 MD를 위한 전초기지로 전락하게 되었다. 제3GBI 기지와 미 본토 방어라는 측면에서는 본질적으로 큰 차이가 없는 것이다.

이에 러시아는 루마니아와 폴란드에 배치될 SM-3 블록 2A 요격미사일이 러시아의 대륙간 탄도미사일을 상승 단계에서 요격할 수 있어 미·러 간 전략균형을 훼손한다고 우려하고 있다. SM-3 블록 2A의 사거리는 최대 2400km로, 러시아와 국경이 맞닿아 있는 폴란드의 레지코보 이지스 어쇼어 기지나 러시아와 약 1600km 떨어져 있는 루마니아 데베셀루 이지스 어쇼어 기지도 러시아 내륙을 사정거리 안에 두고 있기 때문이다. 또한 러시아는 이들 기지가 대러 순항미사일 공격 기지로도 이용될 수 있다고 우려하고 있다.

이에 러시아는 미국에 EPAA가 러시아를 겨냥하지 않는다는 것을 국제법적 구속력이 있는 조약으로 보장해 줄 것과 나토와 러시아의 단일 지휘통제센터를 설치하여 모든 탄도미사일의 발사를 공동으로 통제할 것을 요구했으나, 미국은 두 개의 지휘통제센터를 둘 것을 주장하며 이를 거부하고 있다.

미·일 통합 MD 체계의 성격과 방어 임무

미·일 통합 MD 체계의 성격

일본은 1993년 북한의 노동미사일 시험 발사를 계기로 미국과 공동으로 MD 연구·개발을 진행해 왔으며, 나토에 앞서 2003년 MD 체계를 도입하기로 결정한 이래로 미국의 MD 자산을 적극 구매해 옴으로써 세계 2위의 탄도미사일 방어 전력을 갖추고 있다.[2]

일본의 MD 체계는 PAC-3와 이지스 BMD 체계를 기본으로 하여 북한과 중국의 중거리 탄도미사일을 상·하층에서 요격함으로써 일본과 아태 지역 미군과 미국을 방어하는 전역/지역 방어 체계다. 주일미군의 MD 체계도 PAC-3와 이지스 BMD 체계를 기본으로 하여 북한과 중국의 중거리 탄도미사일을 상·하층에서 요격하는 전역/지역 방어 체계다. 일본과 주일미군 MD 체계는 나토 MD 체계가 하층방어 체계에서 상층방어 체계로 확장되어 가는 것과 달리 처음부터 상·하층 방어 체계로 구축된 것이다. 일본과 주일미군 MD 체계는 2012년 3월, 요코다 공군기지에 '미·일 공동통합작전조정센터BJOCC'를 구축함으로써 미·일 통합 MD 체계로 발전하였다.

한편 일본 샤리키와 교카미사키에 배치된 AN/TPY-2 레이더는 괌 등 아태 지역 미국 영토와 미 본토를 방어하기 위한 지역/전략 MD 무기 체계다. 또한 미·일 이지스 BMD함이 2017년 실전 배치할 예정인 SM-3 블록 2A를 장착하면 미·일 통합 MD 체계는 괌 등을 겨냥한 북·중의 중거리 탄도미사일의 요격을 넘어 제한적이나마 미국을 겨냥한 대륙간 탄도미사일을 요격할 수 있게 된다. 미·일 통합 MD 체계가 미 본토 탄도미사일 방어를 위한 지역/전략 MD 체계로 탈바꿈하는 것이다.

미·일 통합 MD 체계의 방어 임무

미·일 통합 BMD 체계는 일본 본토와 아태 지역, 미 본토를 포함하는 광범한 지역/전략 방어를 임무로 한다. 아베 정권이 '해석 개헌'으로 자위대의 집단자위권 행사를 허용한 후 미·일 집단자위권 행사의 사례로 자위대 함정이 미국을 겨냥한 대륙간 탄도미사일을 요격하는 임무를 든 바 있다. 일본의 MD 자산으로 미국을 방어해 주는 것이다.

또한 일본에 전진 배치되어 있는 미국 이지스 BMD함들의 주요 임무도 일본 방어보다는 아태 지역 미군과 괌, 하와이, 미 본토 방어에 두고 있는 것으로 알려지고 있다. 그러나 일본에 주둔한 미 이지스 BMD함이 미 본토 방어에 동원되는 것은 일본 방어를 위해 미군 주둔을 허용하고 있는 '미·일 신안보조약'(1960)에 위배된다.

이렇듯 미국의 EPAA가 미국보다는 유럽 방어를 주요 임무로 하는 반면, 주일미군 MD 체계는 일본보다는 미국 방어를 주요 임무로 하고 있다. 또한 나토 유럽 회원국들의 BMD 체계가 미국 방어를 임무로 하지 않는 반면, 일본 MD 체계는 미 본토 방어를 임무의 한 부분으로 삼고 있다는 점에서 일본이 나토 유럽 회원국들에 비해 훨씬 더 미 본토 MD를 위한 전초기지로 전락해 있음을 알 수 있다.

한·미 통합 MD 체계의 성격과 방어 임무

한·미 통합 MD 체계의 성격

한국의 MD 체계는 PAC-3를 기본으로 하여 북한의 단·중거리 탄도미사일을 하층에서 방어하는 전술/전역(전구) MD 체계다. 주한미군의 MD 체계도 PAC-3를 기본으로 하여 북한의 단·중거리 탄도미사일을 하층에서 방어하는 전술/전역 하층방어 체계다. 2016년 말에 한·미 양국군 MD 체계의 TMO-Cell 연동이 완료되어 하층방어 위주의 한·미 통합 MD 체계가 구축되었다.

그러나 한·미 통합 MD 체계가 하층방어 체계라고 해도 주한미군 TMO-Cell이 미 태평양 사령부의 C2BMC와 연동되어 있어 한국 MD 체계가 미국 MD 체계의 최일선 하부 체계와 전초기지로서의 성격을 갖게 되는 것은 변함이 없다.

한편 주한미군 사드 배치로 한·미 통합 MD 체계는 미국과 일본을 겨냥한 중국의 중·장거리 탄도미사일까지 탐지·추적할 수 있고, 향후 한국군이 SM-3 블록 1A/B나 2A를 도입하면 일본이나 괌을 겨냥한 북·중 중거리 탄도미사일과 제한적이나마 미국을 겨냥한 대륙간 탄도미사일을 요격할 수 있는 지역/전략 상층방어 체계로 전환된다. 또한 유사시 한반도에 전개될 미국의 전략 MD 자산, 예를 들어 SM-3 블록 2A를 장착한 이지스 BMD함 등도 제한적이나마 미 본토를 겨냥한 북·중의 대륙간 탄도미사일을 상층에서 요격할 수 있는 지역/전략 자산의 하나다.

한·미 통합 MD 체계의 방어 임무

한·미 통합 MD 체계가 하층방어 체계에 머물든, 상층방어 체계로 탈바꿈하든 탄도미사일 방어가 불가능한 한반도의 지형적 특성과 MD 자산이 갖는 고유의 기술적 결함 때문에 북한의 단·준중거리 탄도미사일로부터 남한을 방어하는 데 군사적 효용성이 전혀 없다는 것은 앞서 살펴본 대로다.

따라서 한·미 통합 MD 체계는 하층방어 MD 전력만 한국군과 주요 시설, 주한미군과 주요 시설의 방어에 투입될 뿐 상층방어 MD 전력의 대부분은 정작 미국과 일본을 방어하기 위한 정보·요격 작전에 투입될 가능성이 크다. 다시 말해 미국과 일본의 지역/전략MD 임무를 보완하는 임무를 맡게 될 가능성이 크다는 것이다.

이런 사실은 한국 MD 체계가 미국의 MD 자산으로 유럽 회원국들을 방어하는 나토 통합 MD 체계는 물론, 자국 MD 자산은 주로 자국 방어에 할당하고 일부 자산만 미국 방어에 투입하는 일본 MD 체계보다 훨씬 더 대미 종속적 체계가 될 수 있다는 것을 말해 준다.

2. 지역 통합 MD 체계의 작전통제권, 누가 갖나

　　　　　　　　　지역 통합 MD 체계의 최종 사격통제권을 지역 통합 MD에 참여하고 있는 나라들 중에서 어느 나라가 행사하느냐는 한 나라의 군사주권에 관한 문제이자 자국의 MD 체계가 자국의 영토와 주민, 군을 방어하는 데 사용될 수 있을지를 좌우하는 사활적인 안보 문제라 할 수 있다.

　또한 상층방어 체계는 요격미사일의 사거리가 길어 요격 시 한 나라의 국경을 넘어 다른 나라 상공을 침범해 비행할 수 있고, 요격에 실패해 미사일이 타국 영토로 떨어지거나 요격에 성공하더라도 잔해가 타국 영토로 떨어져 피해를 주는 등 심각한 주권 문제를 야기할 수 있다.

　이에 지역 통합 MD에 참여하는 나라들은 초를 다투는 탄도미사일 방어 작전의 속성과 주권 침해적 사안들을 반영해 통합 MD 작전의 지휘통제 절차와 교전 규칙 및 평가 기준 등을 미리 정해 놓고 유사시 이에 의거해 MD 작전을 지휘통제한다. 이러한 이유로 지역 통합 MD를 주도하는 미국과 지역 MD 참여 국가들 사이에는 작전통제권 행사 문제를 둘러싸고 갈등이 발생할 수밖에 없다.

나토 통합 MD 체계의 작전통제권 행사 주체

나토 통합 MD 체계를 구축하는 과정에서 이 체계의 작전통제권을 누가 행사할지를 놓고 미국과 나토 유럽 회원국 간에 대립이 발생했다.

리스본 나토 정상회담 직전에 오바마 정권의 한 관료는 "오직 미국만이 이 MD 체계를 통제하게 될 것이다"[3]라고 주장한 바 있다. 또한 미국 2013 회계연도 국방수권법안은 나토와 미국 어느 쪽이 EPAA의 사격통제권을 행사하게 되는지, 그 권한이 언제 미 유럽사령부에서 나토로 바뀌는지, 유럽 방어를 위한 작전개념은 무엇인지, 유럽 주둔 미군 방어와 나토 회원국들의 영토와 주민 방어 중 어디에 우선순위를 두는지 그에 대한 상세한 계획을 2012년 7월 15일까지 의회에 브리핑하도록 국방부에 요구한 바 있다.[4]

나토 통합 MD 체계의 작전통제권 행사를 둘러싼 미국과 나토 유럽 회원국 간의 갈등은 2012년 5월 20일 시카고에서 개최된 나토 정상회의에서 나토가 작전통제권을 행사하도록 결정함으로써 큰 틀에서는 해결된 것으로 보인다. 시카고 정상회담 선언은 나토 MD 체계가 "'과도적 능력 Interim Capability'을 달성했다"고 선언(60항)하고, "탄도미사일의 짧은 비행시간을 고려해 북대서양이사회 North Atlantic Council는 미리 확정된 지휘통제의 규칙과 절차에 합의한다"(61항)고 밝히고 있다.

나토 통합 MD에 대한 작전통제권을 나토가 행사하기로 한 사실은 미국 관료의 발언을 통해서도 확인된다. 로즈 미 국무부 부차관보는 "터키에 배치된 AN/TPY-2 레이더가 나토의 작전통제 하에 있으며, 유사시 유럽의 미 이지스 BMD함들도 나토의 작전통제 하에서 작전할 수 있다"[5]고 밝혔다.

또한 AN/TPY-2 레이더의 터키 배치에 따른 시리아, 이란 등으로부터 탄도미사일과 전투기 등의 공격을 방어하기 위해서 터키 정부의 요구로 터키에 배치된 스페인 패트리엇 포대와 이탈리아의 SAMP/T 포대도 나토의 지휘통제를 받고 있다.[6] 또한 2016년 6월에 열린 바르샤바 나토 정상회담 선언(57항)은 나토 통합 MD가 "'초기 작전 능력Initial Operational Capability'을 달성"하였다고 선언하고 루마니아의 "이지스 어쇼어 기지의 지휘통제도 나토로 전환"될 것이라고 밝히고 있다.

그러나 바르샤바 나토 정상회담을 앞두고 프랑스는 나토 통합 MD 체계가 "IOC(초기 운영 능력)를 달성했다는 데 납득할 수 없다"며 이 체계가 "진정으로 미국이 아닌 나토 통제 하에 있어야 한다"[7]고 주장함으로써 나토 통합 MD 체계의 작전통제권 행사 문제가 여전히 말끔히 해결되지 않았음을 시사했다.

프랑스는 나토 통합 MD의 작전통제권이 나토로 전환된 이후에도 여전히 미국이 EPAA의 작전통제권을 행사하면서 요격의 성패와 결과에 따른 책임은 미국이 아닌 나토가 지게 되는 문제 등을 우려한 것으로 보인다. 프랑스는 나토의 상층 MD 체계 구축을 미국이 주도할 경우, 프랑스의 대미 전략적 자율성이 침해될 수 있다고 우려해 상층 MD 체계의 독자적인 기술 개발 필요성을 강조해 왔다.

그럼에도 불구하고 나토 통합 MD 체계의 작전통제권 행사 주체 문제는 "미국의 자산을 언제, 어느 단계에서, 어떤 방법으로 나토의 지휘 명령 계통에 편입시킬지만 초점으로 남아 있는 상황"[8]임은 분명해 보인다.

한편 나토 결의는 만장일치의 사전동의로 성립하며, 이것마저도 개별 회원국은 자국의 주권이 침해당한다고 판단하면 거부할 수 있다. 따라서 나토의 최고 의사결정기구인 북대서양이사회는 회원국들에게 결정 사항을 강제할 수 없다.

무엇보다도 나토 회원국들은 전·평시 자국군에 대한 작전통제권을 직접 행사한다. 따라서 유럽동맹최고사령관(SACEUR, 미국 4성 장군)은 나토 회원국의 군대를 직접 작전통제할 수 없다. 유럽동맹최고사령관은 전· 평시 회원국들이 위임한 부대에 대해서만 작전통제권을 행사할 수 있다.

MD 작전에서도 유럽 회원국은 나토의 사격통제권 조정이 자국의 이해 에 반하고 주권을 침해하면 이를 거부할 수 있다. 독일·네덜란드 등이 터 키에 패트리엇 포대를 배치하고 나토의 작전통제를 받게 했다가 철수시 킨 것도 회원국 간 조정을 통한 나토 지휘체계의 단면을 보여주는 것이다.

미·일 통합 MD 체계의 작전통제권 행사 주체

미·일 동맹은 양국이 각자 자국 군대를 직접 작전통제하는 이른바 병 렬형 지휘체계이지만 MD 작전통제는 통합형 지휘 관계 못지않게 일체 화되어 있다. 미·일 통합 MD 체계의 작전통제는 요코다 공군기지 내 항 공자위대 항공총대사령부 지휘본부에 설치되어 있는 '미·일공동통합작 전조정센터'에서 이루어진다. 이곳으로 미·일 양국의 지상·해상·항공· 우주 센서들이 확보한 탄도미사일 정보가 집중되어 "(미·일) 어느 국가가 요격을 책임질 것인지를 보다 빨리 결정하도록"[9] 하는 것이다.

일본 역내외 미·일 연합작전은 '미·일방위협력지침 2015'와 일본 안 보법에 의거해 수행되며, MD 작전도 마찬가지다. '미·일방위협력지침 2015'는 대일 탄도미사일 공격이 발생했을 경우 자위대가 "일본 방어를 위한 탄도미사일 방어 작전을 주체적으로 실시"하며, 미군은 "자위대의 작전을 지원, 보완하기 위한 작전을 실시"한다고 규정하고 있다. 일본을 겨냥한 탄도미사일 방어는 자위대가 주도하고 미국이 지원하는 관계인 것이다.

이때 미·일 간 MD 작전은 미리 확정된 탄도미사일 지휘통제 절차와 교전 규칙에 따른다. 그럼에도 불구하고 조정이 이루어지지 않을 경우, 일본 MD 작전에서 최종 사격통제권은 일본이 행사하는 것으로 보는 게 일본 주도-미군 지원이라는 미·일 간 병렬형 MD 지휘체계에 부합한다.

그러나 MD 작전을 위한 정보 분석과 작전 능력에서 한층 앞서는 미군(태평양 사령부)의 조정을 자위대가 무시하기 어렵다는 점에서 조정 과정의 대립은 최소화될 것이며, 내용적으로는 미군이 주도하는 사실상의 통합 MD 작전통제가 이루어진다고 보아야 할 것이다.

반면 일본의 집단자위권 행사에 따라 아태 지역 미군과 미 본토를 겨냥한 탄도미사일 방어 작전은 미국 주도-일본 지원 체제로 이루어질 것이다. 일본 공산당 기관지 〈적기〉(2016. 5. 11)는 미·일 통합 MD 지휘체계의 현주소를 다음과 같이 생생하게 소개하고 있다.

… (2016년) 1월 12일에서 2월 2일에 걸쳐 주일미군 요코다 기지를 중심으로 미·일 공동 통합 지휘소 연습인 'Keen Edge 2016'이 실시되었다. 연습에서는 적국이 발사한 장거리 탄도미사일을 탐지, 요격하는 훈련을 실시했다. 미 태평양 사령부 공군 구성군 사령부의 제613 항공우주작전센터(ASOC)에서 제94 육군방공미사일방어 사령부(AAMDC)가 계획하여 작전을 지휘하였다. 제94 AAMDC는 인도양과 아태 지역의 미군 탄도미사일 방어 작전을 지휘한다. 이번 연습에서는 요코다 기지에 파견된 제94 AAMDC의 전방팀이 항공자위대의 항공총대사령부와 미 5공군의 방공미사일 방어작전을 조정하는 데서 결정적인 역할을 했다.

이 연습은 후방인 하와이 미군이 지휘하는 작전계획을 전방인 요코다 기지에서 미·일이 공동으로 수행하는, 미군 MD 지휘체계에 자위대를 편입시키는 것을 목적으로 진행되었다. 미국을 겨냥한 탄도미사일 공격을 방어하기 위한 미군 MD

작전의 일부를 집단자위권 행사의 일환으로 자위대가 떠안은 것이다. 전쟁법(안보법) 하에서 미·일 조정이란 자위대가 미군의 지휘 하에 들어가는 것임을 다시 한 번 분명하게 보여준 사례다. 요코다 공군기지가 미국 MD 체계의 전진기지로 된 것이다.

이에 미국 전략국제문제연구소CSIS는 이미 2012년 6월 보고서[10]에서 "미·일은 특정 잠재적 적국의 관점에서 보면 본질적으로 공동(통합) 지휘 관계를 구축했다"는 입장을 밝힌 바 있다.

이렇듯 일본 통합 MD 체계는 미국과 조정을 거치고 최종 사격통제권을 행사할 수 있다는 점에서 나토 통합 MD 체계와 유사하다. 그러나 나토 통합 MD 체계에 제공된 미 MD 전력에 대한 작전통제권을 나토가 행사하는 반면, 미·일 통합 MD 체계에 제공된 미 이지스 BMD함들에 대한 작전통제권을 미국이 행사하고 일본 MD 전력에 대한 작전통제권도 사실상 미국이 행사한다는 점에서 일본 통합 MD 체계는 나토 통합 MD 체계보다 대미 종속성이 훨씬 강하다고 할 수 있다.

한·미 통합 MD 체계의 작전통제권 행사 주체

한·미 동맹은 미국이 한국군을 작전통제하는 소위 통합형 연합지휘체계다. 한 국가의 작전통제권을 통째로 다른 나라에 넘겨준 나라는 지구상에서 한국이 유일하다. 한국군 MD 작전통제권도 미국이 행사하게 되는데, '한·미안보협의회의SCM 공동성명'(2014~2016)의 MD 관련 내용이 이를 말해 준다.

한국과 미국은 제46차 한·미안보협의회의(2014. 10)에서 소위 '포괄적 미사일 대응 작전개념 및 원칙'을 수립하기로 합의하였다. 이는 한반도 유사시 북한의 핵·미사일에 대응하기 위한 개념으로, "한국형 미사일 방어 체계와 주한미군 및 (미 전략) BMD 전력까지 포함시켜 대응한다는 차원에서 '포괄적'이라는 용어를 사용한 것"이라며 "내년께 이를 작전계획으로 발전"시킨다는 것이다.[11]

한반도 유사시 대북 MD 작전에서 한국군 전력보다 양적·질적으로 절대 우위에 있는 미국의 전략 MD 자산까지 동원하겠다는 것은 한반도 MD 작전을 미국 MD 전력을 중심으로 수행하겠다는 것이며, 한국 MD 체계와 자산이 미국 MD 체계와 자산을 보완하는 하위 체계로 편제된다는 것을 의미한다.

나아가 이는 한·미 MD 체계가 상호운용성을 확보하고 서로 연동되어야 한다는 것과 이를 위해 한국군이 M-SAM이나 L-SAM과 같이 한국이 자체 개발하고 있는 MD 자산보다 PAC-3나 사드처럼 미국이 개발한 MD 자산을 도입해야 한다는 것을 함의하고 있는 표현이기도 하다.

또한 미국의 MD 전략 자산을 동원하는 '포괄적 미사일 대응 작전개념 및 원칙'의 수립은 한국군의 MD 작전을 미국의 MD 전략에 따라 수행하게 된다는 것을 의미한다. 이는 한국과 미국이 제47차 한·미안보협의회의(2015. 11. 2)에서 '포괄적 미사일 대응 작전개념 및 원칙'을 '4D 작전개념'으로 정식화하고 이행지침을 승인한 데서 알 수 있다.

'4D 작전개념'은 탐지(Detect)→교란(Disrupt)→파괴(Destroy, 선제공격)→방어(Defense, 협의의 MD)로 구성된 광의의 MD 작전개념으로, (선제)공격-적극방어(협의의 MD)-소극방어로 구성된 미국의 전형적인 MD 작전[12]과 맥락을 같이한다. 미국은 MD 작전에서 방어작전보다 공격작전을 앞세워왔으며, 공격작전에는 선제공격도 포함되어 있다.

한국군이 독자적으로 구축 중인 소위 킬체인도 선제공격을 포함한 광의의 MD 작전개념에 속한다. 그러나 한국군 MD 전력으로는 대북 선제 공격 작전도, 적극방어도 제대로 수행하기 어렵다. 이에 미국은 '4D 작전 개념'을 한·미 연합의 MD 작전개념으로 도입하면서 유사시 이를 수행할 수 있는 능력을 지닌 전략 MD 자산까지 동원하겠다는 것이다.

한편 한반도 유사시 미국의 전략 MD 자산까지 동원되는 대북 핵·미사일 방어 작전계획과 한·미 통합 MD 지휘체계를 수립한다는 것은 한·미 동맹의 대북 MD 작전계획이 대중 MD 작전계획으로 외연을 넓히고 중심을 옮겨 간다는 것을 의미한다.

사드, SM-3 요격미사일, 해상배치 X-밴드 레이더 등 미 전략 MD 자산들은 북한의 탄도미사일 공격으로부터 남한을 방어하는 데 군사적 효용성이 전혀 없다. 따라서 이들 전략 MD 자산이 아태 지역의 미군과 미·일 본토를 방어하거나 중국의 중거리 탄도미사일로부터 주한미군을 방어하기 위한 무기 체계라는 사실은 한·미 통합 MD 체계가 향후 대중 MD 작전으로 임무의 외연을 확장하게 된다는 것을 뜻한다.

'4D 작전개념 이행지침'은 2016년 2월 개최된 한·미억제전략위원회 DSC에서 서명되었다. '4D 작전개념 이행지침'이 승인되고 서명을 마쳤다는 것은 이 개념과 지침이 '작전계획 5015'의 대북 핵·미사일 방어 계획과 지휘통제 절차 및 교전 규칙 등으로 발전된다는 것을 뜻한다. 700여 곳에 달하는 북한의 '합동요격지점 JDPI을 (선제) 타격하고 북한의 탄도미사일 반격으로부터 남한의 주요 시설과 군과 자산을 방어할 MD 전력을 '방어자산목록 DAL'의 우선순위에 따라 한·미연합사의 구성군사령부 예하 각 제대별로 할당하게 되는 것이다.

작전계획 5015

출처 : KBS, 2016. 1. 28 방송 화면 캡처.

한·미 MD 전력의 할당은 한·미연합사의 작전통제 계통에 따르는데, 북한의 탄도미사일 전력에 비해 주한미군과 한국군의 MD 전력이 절대 열세인 조건에서 미국이 한국군 MD 전력을 주한미군과 증원군을 방어하는 임무에 우선 할당하고 작전통제를 통해 이 임무 수행을 강제하려고 할 수 있다.

이 과정에서 한·미 간에 갈등이 발생할 수 있다. 한국군은 적어도 한국군과 자산 및 남한 주요 시설을 방어하기 위해 한국군의 MD 작전통제권만큼은 직접 행사하려고 할 것이기 때문이다. 그런데 이미 한국군에 대한 작전통제권을 행사하고 있고, 또 한·미 간에 MD 전력과 정보, 작전능력의 격차가 매우 큰 상황에서 미국이 한국군 MD 전력에 대한 작전통제권을 한국이 행사하도록 동의해 줄 가능성은 없다.

김관진 전 국방장관은 "타격(요격)은 한·미가 따로 한다"[13]고 주장했지만 미군의 위협 분석과 사격통제에 따라 이루어질 한국군의 요격이 한국민의 생명과 자산을 지키기 위한 요격으로 될지는 아무런 보장이 없다.

한국군이 한국군 MD 전력의 작전통제권을 직접 행사해야 할 또 다른 절박한 이유로는 유사시 남한을 겨냥한 북한의 탄도미사일에 대한 요격 실패가 뻔히 예견되는 상황에서 한국군 MD 전력(정보작전에서는 사드 레이더나 이지스 레이더, 요격작전에서 향후 도입할 SM-3 요격미사일)이 아태 지역 미군 방어나 미·일 본토 방어 및 자위대의 집단자위권 행사 지원에 투입될 개연성이 크기 때문이다.

미국이 북한과 중국의 탄도미사일 탐지·추적에서 압도적 우위에 있는 상황에서 한국군 MD 전력의 작전통제권을 미국이 행사하게 되면 한국은 동북아 유사시 한국군 MD 전력이 미·일 방어에 투입되는 것을 막을 길이 없다.

이렇게 대북 MD 작전에서 방어의 우선순위와 한국군 MD 작전통제권 행사를 둘러싸고 대립이 있을 수 있는 상황에서 한·미가 새로운 작전계획(5015)을 수립했다는 것은 한·미 간 갈등이 이미 해소되었음을 뜻한다. 그렇지 않다면 한·미 양국군의 MD 전력 할당이 불가능하기 때문이다.

그런데 이 과정에서 한국군이 MD 작전통제권을 직접 행사하려는 노력을 하지 않았다면 이는 작전통제권의 연장선상에서 관성적으로 군사주권을 포기한 또 하나의 잘못된 사례로 국민의 지탄을 받아 마땅하다. 국민의 생명과 국가 주요 시설 및 한국군 우선 방어라는 국가의 사활적 이해를 포기해 버린 것이기 때문이다.

이와 같이 한·미 통합 MD 지휘체계는 나토나 일본 통합 MD 체계보다 대미 종속성이 크다고 할 수 있다. 유사시 나토 통합 MD 체계에 제공되는 미국 MD 전력에 대한 작전통제권을 미국이 아닌 나토가 행사하는 반면, 한·미 통합 MD 체계에 제공되는 한국군 MD 전력의 작전통제권은 미국이 행사한다는 점에서 그렇다.

미·일 통합 MD 체계도 내용적으로는 미국이 작전통제를 하는 통합형 지휘체계라고 하지만, 일본 방어에서는 일본이 주체가 되고 미·일 조정을 통해 작전통제권이 행사되며 일본이 최종 사격통제권을 행사할 수 있다. 이에 반해 한·미 통합 MD 체계는 주한미군사령관이 일방적으로 작전명령을 하달하고 최종 사격통제권을 행사해 대미 종속성이 심각하다고 하지 않을 수 없다.

한국군 MD 부대에 대한 작전통제권은 한국이 행사해야

한·미 통합 MD 체계가 미국과 일본에 종속적인 형태로 운영되지 않기 위해서는 작전통제권을 환수받아야만 한다. 한·미 동맹을 유지한다고 하더라도 나토나 미·일 동맹처럼 한국이 한국군에 대한 작전통제권을 직접 행사해야 한다는 것이다.

설령 미국이 한국군에 대한 작전통제권을 계속 행사한다고 하더라도 미국이 한국군 MD 작전통제권까지 행사하는 것을 당연한 일로 받아들여서는 안 된다. 작전통제권이든, MD 작전통제권이든 얼마든지 한·미가 결정할 수 있는 것이다.

1954년 11월 18일, 한국이 재차 미국에 작전통제권을 넘겨준 이래 한·미는 여러 차례에 걸쳐 미국이 작전통제할 한국군 부대 목록을 양국 합의로 변경해 왔다. 이처럼 한국군 MD 부대에 대해서도 한국군이 작전통제권을 행사하도록 양국이 합의하면 된다.

더구나 한·미연합사 창설로 한국이 제공한 한·미연합사 사령관(주한미군사령관)의 작전통제 대상 한국군 부대 목록(전략지시 1호, 1978. 7. 28)에는 MD

부대가 포함되어 있지도 않았다. 따라서 한국군 MD 부대를 한·미 어느 쪽이 작전통제할 것인지는 얼마든지 새로 협상할 수 있는 사안이다.

최근 한·미 양국군은 북한의 탄도미사일 공격을 방어하기 위해 2018년까지 한·미연합미사일방어사령부를 창설하고 한국이 전술 및 작전 지휘의 최종 통제권을 행사할 예정이다. 한·미연합미사일방어사령부는 한국군 방공포병사령관(공군 소장)이 사령관을 맡고 주한미군 제35방공포병여단장(육군 대령)이 부사령관을 맡는 방안이 유력하게 검토되고 있다고 한다.[14]

이 보도대로 한·미 통합 MD의 작전통제권이 행사된다면 한·미 통합 MD 작전의 대미 종속성은 다소 개선되겠지만 미국이 실제로 이를 받아들일지는 의문이다. 또한 한국군이 사격통제권을 행사하더라도 미·일 통합 MD 체계처럼 실제로는 미국(주한미 7공군 사령관)이 행사하거나, 나토 통합 MD에 대한 프랑스의 불만처럼 사실상 미국이 한·미 통합 MD의 작전통제권을 행사하고 한국은 작전통제권 행사 결과에 대한 책임만 지게 될지도 모른다.

3. 지역 통합 MD 체계 구축 비용, 누가 부담하나

지역 통합 MD 체계 구축에 드는 비용은 지역 MD 체계에 참여하는 국가들이 자국 MD 전력을 자국 예산으로 직접 도입하는 방식이 일반적이다. 하지만 나토처럼 지역 통합 MD 체계의 지휘통제 기반시설은 나토 유럽 회원국들이 비용을 분담해 구축하는 등 지역 통합 MD 체계마다 비용 부담 방식에 차이가 있다.

그런데 지역 통합 MD 체계의 요구, 결국 미국의 요구에 따라 한국처럼 자국 MD에 불필요한 전력, 특히 상층방어 체계 전력을 도입해야 하는 등 부당한 비용 지출을 강요받기도 한다.

나토 통합 MD 체계 구축 비용, 미국이 대부분 부담

나토 통합 MD 자산은 회원국들의 소유이고, 도입 비용 역시 회원국들이 부담한다. 나토는 지휘통제 기반시설 이외에는 MD 자산을 직접 조달하지 않는다. 2010년 리스본 나토 정상회담 당시 나토 사무총장 라스무센은 나토 ALTBMD 통합지휘체계 구축과 이의 EPAA와의 연동 비용을 약

2억 유로로 추산한 바 있다.

이 밖에 나토 통합 MD 체계의 상층방어를 담당하는 EPAA 구축 비용은 미국이 부담하고 있다. EPAA 구축 비용을 최소로 산정해 보면 1단계 약 10억 달러(터키 배치 AN/TPY-2 레이더 구매 비용, 기지 구축 비용 제외, 이지스 BMD함 1척의 지중해 이전 및 주둔 비용 제외), 2단계 약 10억 달러(루마니아 기지 구축 비용 8억 달러, 4척의 이지스함 이전에 따른 무기창, 정비창, 부두 하역 시설 건조 등 선투자 9200만 달러, 4척의 이지스함 스페인 순환 주둔 10년간 비용 1억 달러), 3단계 약 7.46억 달러(폴란드 기지 구축 및 구매 비용) 등 최소 27억 5천만 달러(3조 3300억 원)가 넘는다.

EPAA 구축 비용은 대부분 미국이 부담

여기에는 루마니아·폴란드 기지의 운영유지비는 빠져 있다. 나토 통합 MD 체계의 상층방어 구축에 나토 유럽 회원국들이 부담하는 비용의 10배 이상을 미국이 부담하는 것이다. 이렇듯 나토 MD의 상층 체계, 즉 EPAA 구축 비용은 대부분 미국이 부담하고 있다.

그렇다면 미국은 나토 통합 MD 체계 구축과 상층방어 체계 비용 부담을 통해 무엇을 얻고자 하는 것일까? 미국은 우선 터키 배치 AN/TPY-2 레이더로 미국을 겨냥한 대륙간 탄도미사일에 대한 조기경보를 얻을 수 있고, 영국의 플라잉데일과 그린란드 툴에 배치된 미 본토 방어용 지상 조기경보레이더를 방어할 수 있다. 또한 SM-3 블록 2A로 유럽 주둔 미군과, 제한적이지만 미 본토를 겨냥한 대륙간 탄도미사일을 요격할 수 있다. SM-3 블록 2A의 성능 개량이나 SM-3 블록 2B 배치로 EPAA의 미 본토 방어 능력을 보다 확대할 수도 있다.

그러나 미국의 더 큰 노림수는 나토 유럽 회원국들이 상층 MD 체계 구축에 나서게 함으로써 지구적 차원의 MD 체계를 구축하고 미 본토

MD 방어 강화라는 미국의 MD 전략 목표를 달성하는 한편, 이란 등 아랍 국가들을 의식해야 하는 터키의 나토로부터의 이완을 막고 나토를 강화함으로써 유럽에서의 미국의 패권을 계속 유지·확대해 나가는 데 있다고 할 수 있다.

결국 오바마 정권이 제3기지 계획을 폐기하고 나토에 EPAA를 제공한 것은 나토 유럽 회원국들이 나토 MD 상층방어 체계 구축에 나서도록 미끼를 던짐으로써 미국의 MD 체계 강화에 나토 유럽 회원국들을 끌어들이고, 나아가 동맹도 강화하기 위한 것이다. 이른바 '2보 전진을 위한 1보 후퇴' 전략인 셈이다.

미·일 통합 MD 체계 구축 비용, 양국 각자 부담

미·일 통합 MD 체계 구축 비용은 양국이 각자 부담한다. SM-3 블록 2A 요격미사일은 미국과 일본이 50대50 비용을 부담해 공동 개발하고 있다. 따라서 일본은 상·하층 요격미사일이나 센서 도입 비용을 직접 부담해야 하므로 상층방어 자산과 비용을 대부분 미국에 의존하는 나토 유럽 회원국들보다 상대적으로 훨씬 많은 비용을 부담해야 한다.

일본의 2017 회계연도 MD 예산은 무려 2조 원을 웃돈다(정부 요구액). 이 예산은 PAC-3 MSE 도입비 등을 제외하고는 대부분 상층방어 체계 구축에 들어간다. 일본의 연간 MD 예산이 유럽 전역을 방어하기 위한 EPAA 구축에 미국이 10년간 들이는 예산에 필적한다는 사실은 일본의 MD 예산 규모가 얼마나 방대한지를 미루어 짐작하게 한다.

이렇듯 일본은 미 본토 방어에 동원될 상층방어 체계 MD 전력의 도입 비용을 직접 부담한다는 점에서 미 본토 방어 임무를 갖는 상층 체계

MD 자산의 도입 비용을 부담하지 않는 나토 유럽 회원국들에 비해 대미 굴욕적 위치에 있다고 하겠다.

한국 MD 체계 구축 비용, 한국이 모두 부담

한국은 남한 방어에 효용성이 없는 하층 체계 MD 전력은 물론 향후 미·일 방어를 위해 동원될 가능성이 큰 상층 체계 MD 전력 구축 비용을 직접 부담해야 한다. 2017 회계연도 한국 MD 예산은 5576억 원[15] (이는 이지스함 도입 비용 1,765억 원이 누락된 액수로, 이를 더하면 총 7341억 원)으로 일본에 비해 적지만, 앞으로 일본처럼 사드나 상층방어 체계 전력으로서 이지스 어쇼어, SM-3 요격미사일 등을 도입하게 되면 MD 예산은 배가되어 일본에 필적할 만큼 기하급수적으로 늘어나게 될 것이다.

그러나 상층방어 체계 MD 자산 도입을 위한 예산 대부분이 한국 방어보다는 미·일 방어를 위한 것이라는 점에서 향후 한국이 상층 MD 체계 구축에 나설 경우, 한국 MD 체계의 대미·대일 종속성은 보다 전면화된다고 할 수 있다.

이렇듯 한국은 MD 구축 비용 부담 측면에서도 미국이 비용의 대부분을 부담해 상층 체계 MD를 구축하는 나토 유럽 회원국들에 비해 훨씬 대미 굴욕적이다. 또한 한국처럼 상·하층 체계 MD 구축 비용을 스스로 부담하지만 일부 자산만 미국 방어에 할당될 뿐, 대부분은 자국 방어에 할당되는 일본의 경우보다도 대미 굴욕적이라고 하겠다.

지금까지 살펴본 것처럼 한국 MD 체계는 방어 임무(방어 지역), MD 지휘통제체계, 비용 부담 등 모든 측면에서 나토나 미·일 통합 MD 체계에 비해 훨씬 대미 종속적이고 굴욕적이라고 할 수 있다.

8

한·미·일
집단방위 행사와
한국의 대일 군사적
종속 가능성

1. 한·미·일 통합 MD 구축과 집단방위 행사

미국을 축으로 하는 한·미·일 통합 MD 체계와 군사동맹에 의거한 한·미·일 집단방위는 한국 MD를 일본 MD의 하위 체계로, 한국을 일본의 하위 동맹자로 자리매김함으로써 한국의 대일 군사적 종속과 자위대의 한반도 재침략 가능성을 높인다.

한·미·일 통합 MD 체계 구축의 현주소와 미·일의 군사적 이해

한·일 MD 체계의 연동과 통합 및 지휘체계 구축은 한·미·일 통합 MD 및 지휘체계를 강화하고 한·미·일 연합 MD 작전의 통합성·신속성·동시성을 담보해 준다. 한·일군사정보보호협정 체결에 이어 한국군과 주한미군 TMO-Cell이 연동되고, 사드 한국 배치가 2017년 상반기에 완료된다면 한·일 MD 체계의 직접 연동은 한·미·일 통합 MD 체계 구축의 마지막 단계이자 정점을 이룬다고 하겠다.

한국군과 주한미군 TMO-Cell의 연동은 한국군 연동통제소KICC와 주한미군 연동통제소JICC를 '링크-16'으로 연결함으로써 구현되었다. 한·

미 통합 MD 체계가 정보와 하드웨어 분야에서 구현됨으로써 미국의 한국 MD 작전에 대한 작전통제권 행사의 물리적 기반이 실질적으로 확보된 것이다.

그런데 주한미군 연동통제소는 주일미군 연동통제소와 연동돼 있고 주일미군 연동통제소는 자위대의 통합 MD 정보 체계인 자동경계관제 체계JADGE와 연동되어 있어 사실상 한국군 KICC와 자위대 JADGE가 주한미군과 주일미군을 매개로 간접 연동되어 있다고 할 수 있다. 한·일 MD 체계가 미군을 매개로 간접 연동, 통합되어 사실상 한·미·일 통합 MD 체계가 구축된 것이다. 그리고 이는 한·미·일 통합 MD 지휘체계의 구축을 수반할 것이다.

물론 현재도 한국 MD를 주한미군이 작전통제하고, 일본 MD를 주일미군이 실질적으로 작전통제하고 있어 미국은 미 태평양 사령부 항공우주 작전센터ASOC를 축으로 하는 한·미·일 통합 MD 지휘체계를 구현할 수 있다. 위기 시에는 한·미, 미·일 '연합 방공 및 유도탄 방어작전 협조반 CAMDOCC'으로 미 육군 '제94 방공 및 유도탄 방어사령부 전방지휘소'가 전개되어 탄도미사일 방어를 전술 지휘함으로써 미 태평양 사령부의 통합 작전통제를 담보한다. 그러나 한·일 MD 체계를 직접 연동하면 초를 다투는 MD 작전의 속성에 한층 더 부합한 한·미·일 통합 MD 및 지휘체계를 구축할 수가 있다.

실제로 한·일 해군은 양국군 이지스 구축함의 직접 연동을 추진하는 것으로 알려지고 있다. 해군 관계자는 "(한·일 군사정보보호협정) 체결 이후에 한·일 이지스 구축함 간에 체계 연동을 점검하는 등의 상호 정보 공유 향상 방안을 같이 모색을 하고 있다"며 "기술적인 부분에서 계속 발전하고 있다"[1]고 밝혔다. 한·일 해군 이지스함 간의 직접적인 연동 추진은 공군 등 타군 MD 체계로까지 확장될 수 있다. 뿐만 아니라 한·일 양국 MD 체계의 연동으로 확장될 가능성도 열려 있다고 볼 수 있다. 그런 점에서 한·일 MD 체계의 직접 연동과 통합은 한·일 통합 MD 지휘체계의 구축으로까지 나아갈 가능성을 배제할 수 없다.

물론 이미 한국, 일본과 주한미군, 주일미군을 포함한 미국 센서가 획득한 정보를 공동작전상황도COP에 구현할 수 있고, 미국을 축으로 하는 한·미·일 통합 MD 체계 및 지휘체계를 사실상 구현할 수 있는 조건에서 대일 군사협력에 대한 국민적 거부 정서와 보안 문제 등을 고려한다면 한·일 MD 체계의 직접 연동을 통한 통합 MD 및 지휘체계 구축보다는 한·미, 미·일 통합 MD 체계의 연동을 통한 한·미·일 통합 MD 및 지휘체계의 내실화에 우선순위를 둘 수도 있다.

그러나 '이음새 없는seamless' 없는 한·미·일 통합 MD와 지휘체계를 구축하려는 미국의 이해와 한·일 간 군사협력을 연합작전 수준으로까지 끌어올리려는 아베 정권의 이해가 맞아떨어지고 있어 두 나라가 한국에 압력을 가한다면 차기 정권도 한·일 통합 MD와 지휘체계를 구축해 한·미·일 통합 MD 및 지휘체계를 보완하려는 미국과 일본의 요구에 굴종할 가능성이 있다.

한·미·일 통합 MD 체계의 성격

한·미·일 통합 MD 체계는 북한과 중국의 단·중·장거리 탄도미사일을 상·하층에서 요격하는 전술/전역/지역/전략 MD 체계라는 복합적인 성격을 띠게 된다. 그러나 한·미·일 통합 MD 체계는 미 본토 방어를 임무로 하는 전략 MD 체계로서의 성격을 주로 갖게 되며, 아태 지역 미군과 일본 방어를 임무로 하는 지역 MD 체계로서의 성격을 부차적으로 지니게 된다. 동북아 유사시 한·미·일 통합 MD 체계의 남한 방어는 한반도에서 대북 탄도미사일 방어가 불가능하고, 북·중 탄도미사일 전력에 비해 한·미·일 MD 전력이 태부족하다는 점에서 후순위의 주변적 임무에 불과할 가능성이 크다.

한·미·일 통합 MD 체계는 미국이 유럽에 구축하고 있는 MD 체계인 EPAA처럼 이지스 BMD함을 주력으로 한다. 미·일 이지스 BMD함의 일부는 2017년 이후에는 SM-3 블록 2A를 장착해 제한적이나마 미 본토를 겨냥한 장거리 탄도미사일을 요격할 수 있다.

유럽 전역을 24시간 방어하기 위한 이지스 BMD함의 소요 전력은 약 24척(훈련 8척, 배치 8척, 정비 8척)인 것으로 알려져 있다. 그런데 나토 유럽 회원국들 중에서 중·단기적으로 자국 함정에 요격미사일을 장착, 나토가 24척의 BMD함을 보유하도록 관심을 갖는 국가는 거의 없다.[2] 한편 미국이 EPAA 구축의 일환으로 유럽에 배치한 이지스 BMD함은 모두 4척에 불과하다. 따라서 앞으로도 상당 기간 나토 통합 MD 체계 하에서 운영될 나토 유럽 회원국들의 BMD함의 숫자도 24척에 크게 못 미칠 것이다.

반면에 한·미·일 통합 MD 체계가 보유하게 될 이지스 BMD함은 2018년이 되면 일본 8척, 주일미군 8척, 한국(SM-3 요격미사일을 장착할 경우) 3척으로 모두 19척에 달한다. 나아가 한국은 2020년대에 3척을 추가로 도입할 계획이다. 훈련(8척) −실전 배치(8척) −정비(8척)가 가능한 전력이다.

이와 같이 한·미·일 통합 MD 체계가 방어해야 할 영토 크기와 주민 숫자가 나토 통합 MD 체계보다 훨씬 좁고 적은데도 불구하고 월등한 MD 전력을 보유하게 된다는 것은 한·미·일 통합 MD 체계의 아태 미군과 미 본토 방어라는 궁극적 임무를 떠나서는 도저히 이해할 수 없다. 한·미·일 통합 MD 체계가 나토 통합 MD 체계보다 미 본토 방어를 주 임무로 하는 데 따른 필연적 전력 배치라 할 것이다.

한편 탐지거리가 5000km에 이르는 해상 X-밴드 레이더의 주 작전 지역도 아태 지역이고, 미국이 알래스카 클리어 공군기지에 건설 중인 장거리 식별 레이더LRDR도 미국을 겨냥한 북·중의 장거리 탄도미사일에 대한 조기 식별 능력을 높이기 위한 것이다. 또한 이미 일본에 2기나 배치되어 있고, 한국과 필리핀에도 배치될 예정인 지상 X-밴드 레이더도 미국을 겨냥한 대륙간 탄도미사일에 대한 탐지·추적이 주된 임무라는 사실에서 보듯이, 최근 미국의 전략 MD를 위한 센서 강화가 아태 지역에 집중되어 있다는 점에서 한·미·일 통합 MD 체계의 미 본토 방어를 위한 전략 MD로서의 성격은 논란의 여지가 없다고 할 것이다.

한·미·일 통합 MD 체계의 주 임무는 미국 방어

한·미·일 통합 MD 체계의 주된 성격이 전략 MD라는 사실은 이 체계가 수행할 임무도 전략 MD로서 미국 방어이며, 그 하부 체계로서 한·미, 미·일 통합 MD 체계도 미국 방어라는 전략 MD의 임무를 수행하게 된다는 것을 의미한다.

또한 한·미·일 통합 MD 체계의 부차적 성격이 지역 MD라는 사실은 한·미, 미·일 통합 MD 체계도 각각 일국 방어 임무를 넘어서서 지역 MD로서 지역 방어 임무를 수행하게 된다는 것을 뜻한다. 한국 MD 체계가 지역 및 전략 MD로서의 임무도 동시에 수행하게 된다는 말이다.

한·미·일 통합 MD 및 지휘체계 구축으로 한국 MD 체계에 전가될 지역/전략 MD 임무는 미·일을 겨냥한 북한과 중국의 대륙간 탄도미사일과 중거리 탄도미사일 탐지·추적 정보 획득과 요격 임무로 간추릴 수 있다.

이를 좀 더 세분해 보면

첫째, 미국을 겨냥한 북·중의 대륙간 탄도미사일에 대한 조기 탐지·추적 정보 제공과 이지스 BMD함을 통한 제한적인 요격 임무.

둘째, 잠수함발사탄도미사일SLBM 등을 포함한 일본 본토를 겨냥한 북·중의 중거리 탄도미사일에 대한 탐지·추적 정보 제공과 요격 임무.

셋째, 오키나와·괌 등 아태 지역 주둔 미군을 겨냥한 중거리 탄도미사일에 대한 탐지·추적 정보 제공과 요격 임무.

넷째, 한반도 인근 해역과 동중국해 등에서 작전 수행 중인 미·일 함정들을 공격하는 탄도미사일에 대한 탐지·추적 정보와 요격 임무 등이다.

이에 일본 방위연구소의 와타나베 타게시는 「한국 미사일 방어와 동맹의 지역적 역할」(2016. 3)이라는 글에서 한국『국방백서 2014』가 밝힌 L-SAM의 제원을 근거로 들며 한국 MD 체계가 지역적 역할을 포기했다는 불만을 드러내고 있다.

그는 L-SAM의 사거리(40~60km, 지역 방어 불가)가 제한되어 한국군이 "역내 우방(일본)의 후방 시설이나 미국, 공해상의 맹방(미·일)의 해군력을 공격하는 (북·중) 탄도미사일 요격에는 관여하지 않는다는, 집단방위의 자제를 확인"해 준다면서, 한국의 집단방위 자제는 "지역 위협보다는 자국 안보에 집중하고 있다고 일본을 비판한 1980년대 초의 한국과 대조적이다"라며 한국 MD 체계가 지역 임무를 수행할 수 있는 능력을 갖출 것을 요구하고 있다.

한·미·일 통합 MD 체계 구축과 집단방위가 가져올 대일 군사적 종속 가능성

한·미 통합 MD 및 집단방위 행사가 가져올 한국의 대일 군사적 종속 가능성의 한 단면을 한·미·일이 2010년부터 실시하고 있는 '태평양 드래곤' MD 훈련에서 찾아볼 수 있다.

2013년 '태평양 드래곤' 훈련은 3국 이지스함들이 제주 동쪽, 규슈 서쪽 해상에서 실시했다. 2016년 11월 초에도 유사 해역에서 유사한 훈련을 실시했다. 이 해역은 북한이 일본 본토(사세보·이와쿠니 등)나 오키나와 주일미군 기지를 겨냥해 탄도미사일을 발사했을 때 상공으로 탄도미사일이 지나는 해역으로 이 탄도미사일에 대한 요격이 가능한 곳이다.

그러나 이 해역에서 남한을 겨냥한 북한의 단거리 탄도미사일을 요격하는 것은 고도(이지스 요격미사일은 고도 100km 이상의 대기권 밖에서 요격해야 함), 사거리, 요격 소요 시간상 불가능하다.

따라서 한국 이지스함이 이 해역의 미·일 연합 MD 훈련에 참가하는 것은 남한 방어를 포기하고 미·일 이지스함들을 방호해 주거나 주일미군과 일본 본토, 그리고 오키나와를 방어해 주기 위해 북한 탄도미사일의 탐지, 또는 향후 한국 이지스함이 탄도미사일 요격 능력을 갖출 경우 요격 작전까지 전개하려는 것이다. 이러한 성격의 한·미·일 연합 MD 작전은 한국 MD 체계의 지역 MD 체계로의 임무와 역할의 확장이자 그 자체로 대일 종속이다.

이와 유사한 성격의 한·미·일 연합 MD 훈련은 앞으로 서해나 동해, 동·서해로 한·미·일 전력을 분산해 수행되는 방식으로도 전개될 수 있다. 서해 한·미·일 연합 MD 훈련은 일본과 오키나와를 겨냥한 북한의 탄도미사일 정보를 조기 탐지해 일본에 제공하거나 한국군이 이를 직접 요격하는 훈련이 될 것이다. 한·미·일 해군은 2017년 3월 14~15일에도 한국 남해(세종대왕함)와 일본 해역(미·일 이지스함)에 분산 배치되어 북한 탄도미사일에 대한 탐지·추적·정보교환 훈련을 실시하였다. 동해 연합 MD 훈련은 괌·하와이 등을 겨냥한 북한의 중거리 탄도미사일 탐지 정보를 미국에 제공하거나, 일본 본토를 공격하는 중거리 탄도미사일 정보를 일본에 제공하고 한국군이 직접 요격하는 훈련이 될 것이다.

동·서해에서 실시되는 한·미·일 연합 MD 훈련은 서해에 배치된 한국 이지스 BMD함이나 성주 배치 사드 레이더가 일본 본토나 괌, 하와이를 겨냥한 중국의 중거리 탄도미사일에 대한 조기 탐지·추적 정보를 동해에 배치된 미국과 일본 이지스 BMD함에 제공하고 이들 함정이 요격하는 훈련 등이 될 수 있다. 미국은 2004년부터 동해에 이지스 BMD함을 배치해 오고 있으며, 일본도 2012년 서해에 이지스 BMD함을 배치할 의사를 밝힌 바 있다.[3]

한편 한국은 미·일 통합 MD 체계의 정보작전을 지원하기 위해 주한미군의 사드 레이더 추가 도입을 허용하거나 직접 도입할 수도 있고, 요격작전을 지원하기 위해 SM-3 블록 1A/B를 도입하거나 SM-3 블록 2A까지 도입할 수도 있다.

특히 한국 이지스함이 SM-3 블록 2A를 장착한다는 것은 미국을 겨냥한 북·중 대륙간 탄도미사일을 상승 단계에서 요격하기 위한 것뿐만 아니라, 일본을 겨냥해 고각으로 발사된 노동미사일이나 일본을 겨냥한 중국의 중거리 탄도미사일이 SM-3 블록 1A/B의 요격 고도를 넘어서 비행할 경우 이를 요격하기 위한 목적도 있다. 또한 괌 등을 겨냥한 무수단 탄도미사일 등을 중간 단계에서 요격하기 위한 것일 수도 있다.

SM-3 블록 2A는 일본의 전범 기업 미쓰비시중공업에서 도입

그런데 SM-3 블록 2A는 일본, 그것도 바로 전범 기업 미쓰비시중공업에서 도입해야 한다. 일본이 한·일군사정보보호협정 체결을 그토록 강력하게 요구했던 이유 중 하나는 SM-3 블록 2A와 관련된 정보가 3국(중국·북한 등)으로 유출되는 것을 막으려는 데도 있었다. 한국은 일본의 탄도미사일 방어를 지원하기 위해 일본으로부터 SM-3 블록 2A를 도입하는 대가로 대일 정보 제공 의무와 일본의 정보 감시 멍에도 함께 짊어져야 하는 대일 종속적 상황을 맞게 된 것이다.

또한 '4D 작전'의 하나인 대북 (선제)공격작전 수행에서 총아(?)가 될 F-35A도 도입 후 창정비와 부품을 일본에 의존해야 한다. 그야말로 대일 군사적 종속의 굴레를 뒤집어쓰게 되는 상황이 아닐 수 없다.

한·미·일 통합 MD 지휘체계 구축과 집단방위가 가져올 대일 군사적 종속 가능성

유사시 제주 동쪽, 규슈 서쪽 해역에서의 한·미·일 BMD 작전에 대한 지휘통제는 요코다 공군기지 내 '미·일공동통합작전조정센터'에서 미·일 간 조정을 통해 수행될 것이며, 한국 이지스함은 미 7함대의 전술통제를 받게 될 것이다.

그런데 이 과정에서 한국 이지스함이 일본의 전술통제를 받게 될 가능성이 있다. '미·일방위협력지침 2015'에 따르면 일본의 탄도미사일 방어에서 자위대가 주도적 역할을 하고 미군이 지원을 하도록 되어 있다. 이에 아태 지역 미군과 미 본토 MD 작전에서 주도적 역할을 해야 할 태평양 사령부는 미군과 미 본토 MD를 위한 작전통제에 집중하기 위해 자위대를 지원할 한국군 이지스함에 대해서 자위대의 전술통제를 받게 할 가능성을 배제할 수 없다.

　유사시 한·미·일 통합 MD 작전은 앞으로 수립될 한·미·일 간 MD 지휘통제 절차, 교전 규칙 등에 따라 수행하게 될 것이다. 이에 미 의회 보고서[4]도 한·미·일 통합 MD 체계 구축에 결여된 것은 "교전 규칙 및 다양한 지휘통제 사안에 대한 투명성과 함께 동맹국 및 파트너 국가들과 보다 통합된 접근을 할 수 있는 길을 전향적으로 열어 줄 공식 협정"이라고 밝히고 있다. 바로 이 MD 지휘통제 절차와 교전 규칙을 수립하는 과정에서 일본 방어를 위한 특정 지역의 MD 임무에 대해 한국군에 대한 자위대의 전술통제를 비밀리에 보장해 줄 가능성이 없지 않다는 것이다.

　그러나 굳이 이러한 제도적 장치가 없어도 유사시 한국군 MD 전력을 전술통제하게 되는 주한 미 7공군 사령관이 한국의 이지스함에 일본 방어와 관련한 특정 임무에 대해 일시적으로 자위대의 통제를 받도록 명령을 내리고, 미·일 간에 자위대가 한국의 이지스함을 전술통제하도록 조정이 이루어지면 한국군 이지스함에 대한 일본군의 전술통제가 행사될 수도 있다.

　또한 유사시 한국 해군의 MD 임무를 전술통제하게 될 미 7함대 MD 사령관인 챈슬러 구축함 함장이 한국 이지스함에 일본군의 전술통제를 받도록 명령을 내릴 수도 있다. 챈슬러 함장은 태평양 사령부의 지휘통제체계C2BMC를 경유하지 않고도, 즉 태평양 사령부의 작전통제를 받지 않고도 현장에서 미 이지스 BMD함에 요격 명령을 내릴 수 있는 것으로 알려져 있다.[5]

반면 미국이 한국군의 작전통제권을 행사하는 조건에서, 또 일본군에 비해 MD 전력과 작전 능력이 크게 뒤지는 한국군이 한국군을 지원할 일본군 MD 작전에 대해 전술통제를 하는 것을 상정하기는 어렵다.

한·일 양국군이 MD 작전에 대해 상호 부분적으로 전술통제를 하든 아니든 한국군의 MD 전력이 일본의 MD 체계에 정보를 제공하고 요격 작전 등을 지원한다면 이는 곧 한국 MD 체계의 대일 종속을 의미하는 것이다.

이렇듯 한·미·일 통합 MD 및 지휘체계 구축과 집단방위 행사는 한국의 대일 군사적 종속을 불러올 것이며, 이를 막을 수 있는 방법은 한·미·일 통합 MD 체계에 참여하지 않는 것 외에 달리 없다. 한국이 한·미·일 통합 MD에 참여하고 지휘체계를 갖춰 지역 집단방위에 가담하는 한 한국이 작전통제권을 환수하거나, 설령 한·미 통합 MD 작전통제권을 행사하게 되더라도 나토 유럽 회원국이나 일본의 예에서 보듯이 한·미·일 통합 MD와 지휘체계 및 집단방위로부터 한국에 요구되는 지역/전략 MD의 임무와 역할에서 벗어날 수 없기 때문이다.

2. 한·미·일 군사동맹 구축과 집단방위 행사

한·미·일 통합 MD 체계에 견인되어 구축될 한·미·일 군사동맹과 이에 의거한 집단방위 행사도 한국을 일본에 군사적으로 종속시키는 결과를 가져온다. 한·미·일 군사동맹 하에서 한국은 미국·일본과 결코 대등한 관계를 맺기 어렵기 때문이다.

MD 전력과 작전 능력, 전체 군사력과 지역 작전 능력, 이를 뒷받침하는 국방비와 국가 전쟁 수행 능력에서 미국은 일본에, 일본은 한국에 단연 앞서며, 이들 요소를 총체로 해 당사국들 간 후견인과 피후견인 관계가 수립되는 동맹의 속성상 한·미·일 군사동맹 하에서 한국이 일본의 하위 동맹자로 자리매김되는 것은 피하기 어렵다.

한국이 일본의 하위 동맹자로서 위상을 갖고 역할을 하게 된다는 것은 그동안의 한·미 동맹 관계 하에서 한국이 미국의 국가적·지역적 이해와 군사전략적·작전적 요구를 전적으로 수용해 왔듯이, 한국이 일본의 국가적·지역적 이해와 군사전략적·작전적 요구를 부분적이라도 수용하지 않을 수 없게 된다는 것을 뜻한다.

일본의 동북아 지역에서의 전략적 이해의 핵심은 전·평시 한반도 사태에 외교적·군사적으로 개입하여 자국의 이익을 꾀하는 데 있다. 한·일군 사정보보호협정을 체결하자마자 아베 정권이 한국군의 '작전계획 5027' 를 요구했다는 사실이 이를 입증해 준다. 일본의 '작전계획 5027' 요구는 한반도 유사시 자국민의 소개나 일본 방어를 위한 용도에 결코 한정되지 않는다. '미·일방위협력지침 2015'에 따라, 나아가 한·미·일 간 집단방 위 행사에 따라 자위대가 한반도 주변 공·해역에서, 상황에 따라서는 한 반도 영역에까지 들어와 미군을 지원하고 미군 또는 한국군과 집단자위 권을 행사하기 위해서는 '작전계획 5027'에 의거한 한국군과 한·미 연 합군의 작전 수행을 사전에 파악하고 연습하는 것이 미·일, 한·일 연합 작전과 한·미·일 간 집단자위권(집단방위) 행사의 전제가 되기 때문이다.

한·미·일 정상회담(워싱턴, 2016. 3. 31) 직후 아베 총리가 자위대의 집단 자위권 행사를 상정한 한·미·일 연합연습이나 한·미·일 공동 작전계획 의 수립(?)에 관한 협의를 염두에 두고 있다는 보도[6]는 현재의 한·미· 일 군사 관계, 특히 미·일, 한·미 양국군 간 집단자위권 행사와 이를 기 반으로 하는 한·미·일 간 집단방위 행사를 한·미·일 연합연습으로 일상 화하고 공동 작전계획으로까지 구체화하고 제도화하겠다는 의지를 표 명한 것이다.

미·일, 한·미 양국군 간 집단자위권 행사와 한·미·일 간 집단방위 행 사는 필연적으로 하위 동맹자로서 한국의 대일 군사적 종속과 자위대의 한반도 재침략으로 이어지기 쉽다.

3. 한·미·일 간 동북아 집단방위 행사에 따른 일본의 한반도 재침략 예상 경로

　　　　　　　　　　한반도 유사시 한·미·일이 집단방위를 행사하게 되면 그 과정에서 자위대가 한반도를 침탈할 가능성이 높아진다. 이에 일본의 안보법 제·개정에 에 따른 유사시 각 사태별 자위대의 한반도 침탈 유형을 살펴보고, 이 침탈이 유엔헌장과 '침략의 정의'에 관한 유엔총회 결의에 따라 왜 '침략'이 되는지, 그리고 유엔헌장과 '침략의 정의'에 관한 유엔총회 결의 위반이 되는지를 밝히기로 한다.

침략의 정의

　침략과 전쟁을 불법화하려는 인류의 노력은 1·2차 세계대전을 거치면서 유엔 창립과 함께 "영토 보전 또는 정치적 독립에 대한 무력행사 use of force"를 금지한 유엔헌장(2조 4항)의 채택으로 의미 있는 진전을 이루었다.

　나아가 '침략의 정의'에 대한 유엔총회 결의(3314, 1974. 12. 14)는 "불법적인 무력행사의 가장 심각하고 위험한 형태"로서의 침략을 "…타국의 주권, 영토보전 또는 정치적 독립에 대한 무력행사"(1조)로 정의하고, "선제 무력행사는…침략행위acts of aggression의 일차적 증거"(2조)라고 규정하였다.

또한 이 결의는 침략을 ① 타국 영토의 침입, 공격과 그 결과로 발생한 점령, 병합 ② 타국 영토에 대한 포·폭격 또는 무기 사용 ③ 타국 항구 또는 연안 봉쇄 ④ 타국 육·해·공군 또는 민간 선단(상선)과 민간 항공기대 공격 ⑤ 합의에 근거해 타국에 주둔한 군대를 합의가 제공한 조건들을 위반해 사용하거나 합의가 종료된 후에도 계속 주둔시키는 행위 ⑥ 타국이 사용하도록 허용한 영토를 타국이 제3국에 대한 침략행위를 위해 사용하는 것을 허용하는 행위 ⑦ 상기의 침략행위에 상당하는 중대성을 갖는 무력행사를 타국에 대해 수행하는 무장단체, 집단, 비정규병, 용병을 국가 또는 국가를 대신해 파견하거나 실질적으로 관여하는 행위"(3조)로 구체화하고 있다.

그러나 위의 침략행위들이 "침략행위를 포괄하는 것은 아니며 안보리가 다른 행위도 침략을 구성한다고 결정할 수 있다"(4조)고 밝히고 있다. 또한 "① 정치적·경제적·군사적 또는 그 어떤 성격의 사안도 침략을 정당화할 수 없"으며, "② 침략전쟁은 국제평화에 대한 적"이고, "침략은 국제적 책임을 야기시키"며 "③ 침략의 결과로 획득한 영토와 특수 이득은 합법적인 것이 아니며, 합법적인 것으로 승인받아서도 안 된다"(5조)고 명시하고 있다.

침략전쟁을 침략과 구분하고 있으나 침략전쟁에 대한 정의는 내리지 않고 있으며, 또한 침략을 정당화하고 침략 결과를 기정사실화하려는 기도를 전면 차단하고 있다.

'침략의 정의'에 관한 유엔총회 결의, 침략행위 유무를 판단하는 지침서

이 유엔총회 결의는 법적 구속력은 없으나 유엔 안보리가 유엔헌장 39조에 따라 침략행위의 유무를 판단하는 데 하나의 정치적 지침서guidance라고 할 수 있다. 이렇듯 '침략의 정의에 대한 유엔총회 결의'(이하 침략 정의 결의)는 침략행위를 "가장 심각하고 위험한 형태의 불법적인 무력행사"(전문)에서 간접적 침략(3조 7항)까지 폭넓게 정의하고 있다.

또한 비록 '침략 정의 결의'에는 반영되지 못했으나 '침략정의특별위원회'(1967년 설립)의 수년에 걸친 논의 과정에서 소련·중국을 비롯한 사회주의 국가와 제3세계 비동맹국가 등 다수 국가들은 국가 전복, 사상적·경제적 침략 등의 비군사적·비무력적 침략까지 실로 다양한 형태의 침략행위를 제시하고 이를 결의에 반영할 것을 촉구하였다. 이는 2차 세계대전 후 많은 사회주의 국가들이 태동하고 옛 식민지 국가들이 정치적 독립을 달성한 국제정세 하에서도 이들 국가가 끊임없이 사상적·경제적 침략에 노출되고, 그 결과 다시 정치적 독립을 위협받게 되는 현실을 반영하고자 한 것이다.

하지만 '침략 정의 결의'는 결의 도출을 위해 최소한의 무력적 침략행위만을 범주화하는 데 그쳤다. "현실적으로 경제적 침략 내지 정치적 침략이라고 보아야 할 행위가 예외적으로라기보다는 오히려 일반적이라고까지 생각되는 오늘날의 국제사회의 상황"을 반영하지 못하는 한계를 드러낸 것이다.[7]

따라서 이제 '침략의 정의'는 시대의 변화와 발전에 따라 강성 무력 방식에서 연성 무력 방식(재난구호, 사이버, 심리전 등)으로, 군사적 방식에서 비군사적 방식(정치, 경제, 가치 침략)으로, 직접적 방식에서 간접적 방식(내전 유도, 개입, 제3국에 의한 침략 추동 등)으로 한층 다양해지는 변화를 반영하도록 진화해야 하며, 단지 정치도덕적 규범에 머무르는 것이 아니라 국제법적 구속력을 갖도록 발전해야 할 과제를 안고 있다. 침략의 범주를 폭넓게 규정하고 이를 국제법적으로 불법 행위로 규정함으로써 침략을 방지하려는 인류의 바람을 실현하는 데 기여해야 하기 때문이다.

그러나 안타깝게도 이 과제는 지금까지 별다른 진전을 보이지 못하고 있다.

'침략의 정의'로 본 주한미군과 향후 한반도에 들어올 자위대의 성격

미군의 한국 주둔은 한·미상호방위조약에 따라 국제법적 정당성을 부여받고 있다. 그러나 이는 한·미상호방위조약이 발효되는 과정에서 아이젠하워 정권이 이승만 정권에 가한 정치·군사·경제적 강압을 사상捨象하는 것을 전제로 한 것이다.

당시 미국은 한·미상호방위조약 발효 조건으로 '(군사 및 경제원조에 관한) 한·미합의의사록' 체결을 요구했으며, 이승만 정권이 이에 강력히 반발하자 군사적(쿠데타 위협)·경제적(석유 공급 중단) 강압으로 자신들의 뜻을 관철시켰다. 강압에 의한 조약 체결은 '조약법에 관한 빈 협약' 제51조(국가 대표의 강제)와 제52조(힘의 위협 또는 사용에 의한 국가의 강제)에 의거해 불법으로, 원천무효이다.

당시 미국은 '한·미합의의사록'과 '부록 B'의 체결로 한국의 군사주권의 핵심(작전통제권)을 장악하고 전력 규모를 통제하고자 했으며, '한·미합의의사록'과 '부록 A'의 체결로 한국의 경제체제를 강제하고 경제운영을 통제하고자 했다.

미국은 '한·미합의의사록'과 '부록 A'의 체결로 남한 경제를 자유시

장경제로 개편시키고 헌법 개정을 통해 이를 제도화하려고 했으며, 냉전 하에서 일본을 아시아의 보루로 삼기 위해 아시아 경제를 일본 중심으로 재편시키고자 원조 자금을 이용한 한국의 대일 구매를 강제함으로써 한국 경제를 노골적으로 일본 경제에 종속시키려고 했다.

이승만 정권이 '한·미합의의사록' 체결에 반발했던 것은 작전통제권을 다시 미국에 넘겨줌으로써 무력 북진통일이 좌절된 것 이상으로 한국 경제가 일본 경제의 주변부로 전락하게 되는 것에 대한 우려 때문이었다.

한편 주한미군은 군사주권의 핵심인 작전통제권을 틀어쥐고 국내법이 미치지 않는 3000만 평이 넘는 영토를 차지하며 정치·군사·경제적으로 막강한 영향력을 행사하고 있다. 이러한 주한미군의 지위와 성격은 '침략 정의 결의'를 광의로 해석할 경우, 제1조에 해당하는 것으로 볼 수도 있다.

만약 미국이 공언하는 대로 대북 선제공격을 하게 되면 유엔헌장 2조 4항과 51조 등을 위반하고 '침략 정의 결의' 1조와 2조, 3조 1·2·3·4·5항-"합의(한·미상호방위조약)가 제공한 조건(방어 임무)"에 반하는 (주한미군의) 무력행사-에 해당하는 침략행위로 된다.

또한 주한미군이 소위 전략적 유연성을 행사하여 동중국해의 센카쿠 열도(다오위다오), 양안분쟁, 남중국해의 미·중, 일·중 분쟁, 중동 분쟁 등에 무력 개입하면, 이 개입이 선제공격에 해당하는 경우 미국은 유엔헌장 2조 4항과 '침략 정의 결의' 1조, 2조, 3조 1·2·3·4·5항, 한국은 '침략 정의 결의' 3조 6항에 해당하는 침략행위를 하는 것으로 된다.

선제공격에 해당하지 않는, 자위적 성격의 무력행사를 지원하기 위해 주한미군이 개입할 경우에도 이 개입이 유엔 안보리의 승인 없이 무력공격을 받은 3국(예를 들어 일본)과의 집단자위권 행사를 명분으로 이루어지게 되면 이때 3국에 대한 무력공격이 미국과 한국에 대한 명백한 위협으로 되지 않는 한 불법적인 무력행사, 침략행위로 되어 미국은 유엔헌장 2조 4항과 51조, 53조 등을 위반하고 '침략 정의 결의' 1조, 2조, 3조 1·2·3·4·5항, 한국은 '침략 정의 결의' 3조 6항에 해당하는 침략행위를 하는 것으로 된다.

군사동맹을 맺은 국가가, 곧 상호방위조약을 체결한 국가가 선제 무력공격을 받았다고 해서 자국 안보에 명백한 위협이 되지 않는데도 무조건적으로 집단자위권을 행사하게 되면 무력행사를 금지한 유엔헌장 2조 4항과 51조, 53조 등 유엔 집단안보체제의 근간이 무너지는 결과를 가져오게 되므로 상호방위조약과 집단자위권을 명분으로 한 군사동맹의 무력행사는 자국 안보에 명백한 위협이 되는 경우로 엄격히 제한되지 않는 한 불법으로 간주되기 때문이다.

이와 같이 주한미군의 지위와 성격은 그 운용에 따라 유엔헌장을 위배한 불법적인 것으로, 또 '침략 정의 결의'에 반하는 침략행위가 될 수도 있다. 따라서 무력행사를 불법화하여 유엔을 중심으로 하는 집단안보를 실현하려는 국제사회의 노력과 침략의 개념을 폭넓게 정의함으로써 침략행위를 저지하려는 시대적 추세에 비춰 볼 때, 한·미상호방위조약에 의거한 주둔의 정당성에도 불구하고 주한미군의 지위와 성격은 논란이 될 소지가 있다.

'진출'은 일제 침략과 식민지배의 불법성을 부정하는 몰역사적인 개념

앞으로 자위대가 전·평시 미군 지원을 명분으로, 또는 자체 목적을 달성하기 위해 한반도에 들어오는 것은 거의 기정사실이 되고 있다. 그런데 이때 자위대가 한반도에 들어오는 절차와 방식에 따라서 일본의 재침략이 될 수도 있다.

일각에서는 일본의 한반도 재침략 가능성 주장이 과도하다며 '진출'이라는 용어를 사용하고 있다. 자위대가 현실적으로 한국을 재침략할 수도 없고, 일본이 한국을 과거처럼 식민 지배할 수 없다는 판단이 깔려 있기 때문이다.

하지만 침략은 위에서 살펴본 것처럼 침략전쟁과 구별되며, 옛 식민지 지배 방식과 달리 간접지배 등 다양한 방식으로 이루어질 수 있다.

만약 침략전쟁을 침략의 기준으로 삼는다면 구한말 일제 침략도 군사적 강압에 의한 침략이었으되 침략전쟁을 통한 침략은 아니었으므로 침략이 아닌 것이 되어 버린다. 또한 정치·군사·외교·경제·문화 모든 것을 틀어쥐고 직접 지배하는 침략 방식은 현 시대에서는 찾아보기 어렵다는 점에서 이 기준을 적용하는 한, 현재의 국제사회는 침략이 없는 사회가 되어 버린다.

그러나 강대국의 약소국에 대한 침략은 엄연히 상존하고 넘쳐나며, 따라서 그 어느 방식도 국가주권을 침해하는 한 침략이라고 규정해야 한다.

한편 '진출'이라는 용어는 정치적 의미와 역사적 성격, 국제법적 책임 등을 사상한 개념으로 침략과는 질적으로 구별된다. '침입', '침탈', '공격' 등 다른 국제법적 용어에 비해서도 가장 탈정치적이고, 몰역사적이며, 불법성에 대한 책임회피적 용어다.

그래서 일제 침략과 식민지 지배의 책임을 부정하는 일본 보수수구정권이 '침략'이라는 용어를 대신해 즐겨 사용한 용어가 바로 '진출'이다. 그들은 일제 한반도 침략과 식민지 지배에 대해서도 불법성을 부정하며 줄곧 한반도 진출로 서술하고 있다.

따라서 앞으로 자위대가 한반도에 들어오는 것을 '진출'로 규정하게 된다면 향후 '진출' 과정에서 자행될 수도 있는 일본의 침략성과 불법성에 미리 면죄부를 주는 것과 같다.

예상되는 자위대의 남한 재침략 경로와 '침략 정의 결의' 위배

잘 알려진 대로 한국전쟁이 발발하자, 일제 식민 지배를 자행한 일본 군 출신들로 구성된 소해부대와 병참·척후·취사 등 지원 병력이 한국전쟁에 참가했다. 군대 보유와 교전권을 포기한 평화헌법 하에서 이승만 정권의 동의도 없이 오로지 미국의 요청으로 (구)일본군이 비밀리에 한반도에 다시 발을 내디딘 것이다.

(구)일본군이 국제법적 근거도 없이 한국전쟁에 무력 개입하여 한국 주권에 반해 영토를 무단 사용하고 무력행사를 했다는 점에서 유엔헌장 2조 4항을 위반하고 '침략 정의 결의' 1조와 3조 2항에 해당하는 침략행위를 한 것으로 규정할 수 있다.

1965년 박정희 정권은 계엄령을 선포해 국민의 반대를 억누르며 '한·일 기본조약'과 '한·일 청구권 협정' 등을 체결함으로써 일본이 경제적으로 한국을 재침략할 수 있는 길을 열어 주었다.

한·일 청구권 협정은 앞서 살펴본 것처럼 '한·미 합의의사록 부록 A'에 따라 한국 경제를 일본 경제의 주변부로 만들려는 미·일 의도의 연장선상에 있다. 일제 침략으로 식민지 지배를 당한 아시아 국가들 중 한국이 가장 늦게 일본과 청구권 협정을 체결(북한 제외)함으로써 미·일은 일본을 중심으로 동아시아 경제질서를 재편시키려는 의도를 마무리지을 수 있게 되었다.

이에 당시 국민들은 '한·일 기본조약'과 '한·일 청구권 협정' 체결을 매국 외교로 규탄했으며, 2012년 대법원은 일제 침략과 식민 지배 및 배상 회피를 헌법에 위배되는 불법적이고 반인도적인 것으로 판결함으로써 '한·일 기본조약'과 '청구권 협정' 체결이 주권을 침해하는 매국 외교였음을 뒷받침해 주었다.

이로부터 반세기가 지난 오늘날, 이제 일본군의 후예인 자위대가 한반도를 군사적으로 재침략할 태세를 갖춰 나가고 있다. 평화헌법을 사실상 무력화하고 정식 군대로서의 위용(?)을 갖추고는 남북한 주권은 안중에도 없이 오로지 미국의 요구에 적극 편승해 공공연하게 한반도 재침략을 노리고 있는 것이다. 박근혜 정권이 사드 배치와 한·일군사정보보호협정의 체결로 한·미·일 통합 MD 체계와 군사동맹 구축 및 한·미·일 집단방위에 참가함으로써 일본이 군사적으로 다시 한반도를 재침략할 수 있는 길을 열어 준 것이다.

미·일 간 집단자위권 행사, 남북한 주권 침해 가능성 커

자위대의 한반도 재침략은 '미·일방위협력지침 2015'와 이를 뒷받침해 주기 위한 일본의 안보법(전쟁법)에 따라 주로 자위대가 미군을 지원하는 방식으로 이뤄지게 된다. 그러나 자위대의 미군 지원은 단지 후방 지원에 머무르지 않고 전방 지원과 전투 행위까지 포함하며, 이 과정에서 남북한의 주권을 침해하는 국제법적 불법성과 침략성이 드러날 가능성이 높다.

'미·일방위협력지침 2015'와 전쟁법은 자위대 함정이 평시 미군이나 한국군 함정에 대한 방호 임무를 수행하는 도중 북한군과 우발적인 충돌이 일어났을 때 전투작전을 전개할 수 있도록 보장하고 있기 때문이다.

평시지만 한반도의 무력충돌 위험이 매우 높은 키 리졸브 훈련 같은 한·미연합연습 때 자위대 함정이 이 연습에 참가해 미군과 한국군 함정을 방호하다가 북한과 우발적인 무력충돌이 발생했을 때 자위대는 이를 명분삼아 우리 영해에 들어와 대북 전투행위 등의 무력행사를 할 수 있는 것이다.

이때 자위대 함정이 긴급 상황을 빙자해 한국 정부의 사전 동의 없이 우리 영해에 들어와 대북 무력행사를 하게 되면 이는 '침략 정의 결의' 1조와 3조 2항, 4항에 해당하는 침략행위로 된다. 만약 이때 자위대가 미군 또는 한국군과 집단자위권 행사를 명분으로 우리 영해에 들어와 대북 무력행사를 하게 되면 이는 유엔헌장 2조 4항과 51조를 위반하는 불법적인 침략행위가 된다.

앞서 살펴본 것처럼 북한과 한국 또는 미국과의 우발적인 충돌이 일본 안보에 명백한 위협으로 되지 않는 한, 자위대의 미군이나 한국군과의 집단자위권 행사는 불법적인 침략행위로 간주되어야 하기 때문이다. 일본 야당과 언론이 미군과 한국군에 대한 자위대의 평시 방호 작전을 자위대가 "집단자위권을 행사하기 위한 뒷문"[8]이라고 우려하는 것도 이 때문이다.

그런데도 정호섭 전 해군참모총장은 2015년 9월 22일 열린 국정감사에서 "대북 억제 차원에서 '키 리졸브' 훈련에 일본도 참여해 연합훈련을 하는 게 필요하다"고 주장했다. 이는 평시 자위대 함정의 미군과 한국군 함정 방호 훈련이 자위대의 대북 무력행사로 이어지고 한국 주권 침해로 비화될 가능성을 외면한 망언이자, 그만큼 한반도의 전쟁 가능성을 높이는 위험한 발상이 아닐 수 없다.

한반도 유사시 일본이 이를 자국 전쟁법상 '중요영향사태'로 규정하면 자위대는 남한 거주 일본인을 소개한다는 명분으로 남한에 들어올 수 있다. 그런데 개정된 안보법은 자위대가 자국민 소개작전 시 종전과 달리 단지 후송작전만 전개하는 것이 아니라 바리케이드 제거 등 소개작전의 장애 요소를 제거하기 위한 전투작전도 전개할 수 있도록 보장하고 있다.

만약 이 과정에서 한국이 장애 요소 제거를 위한 자위대의 전투작전을 허용한다면 그 자체로 군사주권 침해다. 이는 남한이 자국 영토에서 누려야 할 배타적인 무력 독점권을 포기하는 것으로 되기 때문이며, '침략 정의 결의' 1조와 3조 2항에 해당하는 침략행위로 될 수 있다.

자위대가 자국민 보호 등을 빌미로 일단 한반도에 발을 들여놓게 되면, 이후에도 다른 사안을 계기로 들어올 가능성이 높아짐으로써 자위대의 남한 침입이 상시적이고 전면적인 것으로 될 가능성이 높다. 나아가 이 부대가 철수하지 않고 계속 주둔하면서 대북 군사작전을 벌일 수도 있다. 이 경우 일본은 '침략 정의 결의' 3조 5항, 한국은 3조 6항에 해당하는 침략행위를 하는 것이 된다.

그런데도 황교안 총리는 국회 답변(2015. 10. 14)을 통해 "일본이 우리와 협의해 필요성이 인정되면 (자위대의) 입국을 허용할 것"이라는 반주권적 발언을 서슴지 않았다. 또한 "양국 간 협의를 통해 포괄적인 논의를 했고…", "협의 과정을 통해 충분히 보장을 받은 것으로 안다"며 한·미·

---

* 안보법(전쟁법) : 일본의 자위대법, 주변사태법, 국제평화협력(PKO)법 등 10개의 기존 법규에 대한 개정 내용을 하나로 묶은 일괄 개정법안(평화안전법제정비법)과 한 개의 신규 제정법안(국제평화지원법)을 통칭하는 용어.

일 간에 자위대의 한반도 내 작전을 둘러싸고 이미 많은 논의와 합의가 있었음을 시사하였다.

실제로 한국과 미국, 일본은 일본의 전쟁법이 일본 국회를 통과(2015. 9. 21)하자마자 곧바로 한·미·일 '3자 안보토의DTT'에서 한반도 유사시 자위대의 활동 범위에 대해 협의하기로 하는 등, 관련 사안에 대해 지속적으로 논의해 온 것으로 알려지고 있다. 바야흐로 자위대가 미국이 견인하고 한국 보수수구정권의 뒷받침을 받아 평시·유사시를 막론하고 한반도를 재침략할 수 있는 조건을 갖춰 나가고 있는 것이다.

한편 한반도 유사시 일본이 이를 자국 전쟁법상 '중요영향사태'로 규정하게 되면 자위대는 탄약과 유류 등의 병참 지원 작전과 미군 병력과 장비 수송 지원 작전을 위해 한반도 내륙 깊숙이 형성된 전선까지 들어올 수 있다.

이때 일본의 전쟁법은 자위대가 한국 영토에 들어올 때 한국의 동의를 받는 것으로 되어 있으나 이것이 사전 동의를 의미하는지는 불투명하며, 더구나 '미·일방위협력지침 2015'에는 관련 규정조차 없다.

일본이 한반도 유사시 이를 자국 전쟁법상 '존립위기사태'로 규정하면 자위대는 미군 또는 한국군과의 집단자위권 행사를 명분으로 남한에 들어올 수 있다. 이때 '미·일방위협력지침 2015'는 "관련국(한국)의 주권을 '존중'"한다고 규정되어 있다. 그러나 '존중'이란 국제법상 아무런 법적 구속력이 없는 립서비스에 불과한 용어다. 더욱이 일본의 전쟁법에는 관련 규정조차 없다. 한반도 유사시 미국과 일본은 자신들의 자의적 판단에 따라 한반도에서 얼마든지 군사작전을 전개할 수 있는 것이다.

따라서 일본이 전쟁법상 한반도 유사시를 자국의 존립위기사태로 규정하면 자위대가 남한에 들어올 때 남한의 동의를 받아야 한다고 명시한 이른바 중요영향사태 시의 규정을 얼마든지 무력화할 수 있다. 중요영향사태와 존립위기사태의 계선은 모호하며, 그 결정은 총리를 비롯한 NSC(국가안보위원회)의 자의적 판단에 맡겨져 있다.

그런데 한반도 유사시 일본이 이를 '존립위기사태'로 규정하고 미군과 한국군과의 집단자위권 행사를 명분 삼아 자위대가 한국의 동의 또는 유엔 안보리의 승인 없이 남한에 들어와 군사작전을 전개하고, 경우에 따라서 대북 공격을 감행한다면 이는 유엔헌장 2조 4항과 51조 등을 위반한 침략행위가 된다. 자위대가 한국군과 집단자위권을 행사하는 것은 한반도 유사가 북한의 선제공격에 의한 것이 아니고, 동시에 일본에 명백한 위협으로 되지 않는 한 불법이기 때문이다.

또한 자위대가 국제법적 요건을 충족시키지 못하고 오로지 자국법에 따라 집단자위권 행사를 명분 삼아 남한에 들어오는 것은 '침략 정의 결의' 1조와 3조 1·2·3·4항에 해당하는 침략행위로 된다.

'적 기지 공격론'에 따른 일본의 북한 침략 가능성

한·미·일 MD 체계와 군사동맹 구축에 따른 지역 집단방위 참가는 자위대의 북한 재침략의 길을 열어주는 배족의 길이기도 하다.

일본이 한반도 유사를 중요영향사태나 존립위기사태로 규정하게 되면 자위대가 미군을 따라 북한 지역에 들어가 지원 작전을 전개하거나 집단자위권 행사를 명분으로 전투작전을 전개할 수 있다. 이때 북한이 남한을 선제공격했다고 하더라도 이것이 일본의 안보에 명백한 위협으로 되지 않고, 한국의 동의도 없이 단순히 미국의 요구에 따라 미군과의 집단자위권 행사를 명분으로 자위대가 북한에 들어가서 군사작전을 전개하는 것은 유엔헌장 2조 4항과 51조 등을 위반하고 '침략 정의 결의' 1조, 3조 1·2·3·4항에 해당하는 침략행위로 된다.

이렇게 북한이 대일 선제 무력공격을 감행하거나, 북한의 대남 선제 공격이 일본에 명백한 위협으로 되지 않음에도 불구하고 한반도 유사시 자위대가 북한 지역에 들어가 미군과 한국군을 지원하거나 미군·한국군과 함께 무력행사를 할 수 있는 것은 '미·일방위협력지침 2015'와 전쟁법이 지닌 침략적 속성에서 비롯된다.

'미·일방위협력지침 2015'는 미·일 연합군이 일본 역외에서 무력행사를 하는 경우 국제법에 따라 3국(한국)의 주권을 존중한다고 규정해 놓았을 뿐이며, 전쟁법은 아예 관련 규정조차 없기 때문이다. 곧 3국(한국)의 주권을 준수하도록 강제할 법규가 사실상 없는 것이다.

실제로 아베 정권은 자위대가 북한 지역에 들어갈 경우 남한의 주권을 지킬 뜻이 없다며 줄곧 한국의 주권을 부정하는 침략적 발언을 되풀이해 왔다. 심지어 나가타니 전 방위상은 "법적 요건을 충족하면 다른 나라 영토 안에서(적의) 기지도 공격할 수 있다"(2015. 5. 24)며 자위대가 남한 영토에 들어와 북한을 공격할 수도 있다는 등 남북 양국의 주권을 전면 부정하는 침략적 발언을 서슴지 않았다.

또한 북·일 유사시 일본은 이른바 '적기지 공격론'에 따라 자체 전력으로 북한을 선제공격할 수 있다. 이 경우는 두말할 나위 없이 유엔헌장 2조 4항을 위반하고 '침략 정의 결의' 1조, 2조, 3조 1·2·3·4항에 해당하는 침략행위로 된다.

한편 '미·일방위협력지침 2015'는 북·일 유사시 미·일 연합군이 (북한의) 무력공격을 격퇴하거나 추가 공격을 억제하기 위해 육·해·공 등 복수 영역에서 횡단작전을 전개할 수 있으며, 이런 미·일 협력 사례의 하나로 미군이 대북 타격Strike Power을 전개할 수 있다고 밝혔다.

모든 무력행사가 가능해진 일본

출처 : <중앙일보>, 2014. 7. 2.

이때 주한미군이 주일미군과 함께, 또는 독자적으로 대북 공격을 감행하면 사실상 한국과 미국이 대북 선제공격을 하는 것으로 되어 유엔헌장 2조 4항을 위반하고 '침략 정의 결의' 1조, 2조, 3조 1·2·3·4항에 해당하는 침략행위를 하는 것으로 되며, 미국은 '침략 정의 결의' 3조 5항에, 한국은 3조 6항에 해당하는 침략행위가 추가된다.

한편 자위대는 한반도 유사시 미국이 주도하거나 유엔이 주도하는 다국적군의 일원으로 한반도에 들어올 수 있다. 자위대가 유엔의 승인이 없는 미국 주도의 다국적군의 일원으로 한반도에 들어온다면 이는 유엔헌장 2조 4항과 53조 등을 위반하고 '침략 정의 결의' 1조, 2조, 3조 1·2·3·4항에 해당하는 침략행위를 한 것으로 된다.

일본 평화헌법이 개정된다면 미국 또는 유엔 주도 다국적군에 참가하게 될 가능성과 그 전력 규모가 한층 커질 수 있다. 한국이 대북 군사적 대결과 북한 체제 붕괴를 위해 지난날 민족을 침략하고 식민 지배를 자행했던 일본군을 불법으로 끌어들이고 남한 영토를 자위대의 침략 기지로 제공할 수도 있게 되는 것이다.

한국의 한·미·일 집단방위 참여는 대중 군사적 대결을 추구하는 것

한국이 한·미·일 통합 MD 체계와 군사동맹 구축, 그리고 동북아 지역 집단방위에 참가하는 것은 중국과의 직접적인 군사적 대결을 추구함으로써 국가와 민족의 운명을 걸고 도박을 하는 모험주의적 길을 가는 것이다. 한국이 미·일 쪽에 가담해 중국과 적대함으로써 미·중, 중·일 간 동북아 분쟁에 말려들 가능성이 클 뿐만 아니라, 심지어 중국과 직접 무력 대결을 벌일 수도 있어 한반도와 동북아 평화가 깨지고 동북아 지역 전쟁과 세계전쟁의 가능성도 배제할 수 없기 때문이다. 성주 사드 기지가 중국의 핵미사일로 공격당하는 상황이 현실로 될 수도 있다.

주한미군이 이른바 '전략적 유연성' 행사로 동중국해의 센카쿠 열도(다오위다오), 양안 분쟁, 남중국해 분쟁에 개입하게 되면, 앞서 말한 대로 이 개입은 선제공격일 경우 유엔헌장 2조 4항을 위반한 것이고 '침략 정의 결의' 1조, 2조, 3조 1·2·3·4·5항, 한국은 3조 6항에 해당하는 침략 행위로 된다.

선제공격에 해당하지 않는, 곧 선제 무력공격에 대한 자위적 성격의 무력행사를 지원하기 위한 것일 경우에도 이 개입이 유엔 안보리의 승인 없이 무력공격을 받은 3국과의 집단자위권 행사를 명분 삼아 이뤄지게 되면－이때 3국에 대한 무력공격이 미국과 한국에 대한 명백한 위협으로 되지 않는 한-불법적인 무력행사, 곧 침략행위로 되어 미국은 유엔헌장 2조 4항과 51조 등을 위반하고 '침략 정의 결의' 1조, 2조, 3조 1·2,·3·4·5항, 한국은'침략 정의 결의' 3조 6항에 해당하는 침략행위를 한 것이 된다.

나아가 한국·일본·호주 등이 나토 개별 파트너십에 가입해 있어 아프가니스탄이라는 역외 분쟁에까지 무력 개입한 나토가 동북아 지역 분쟁에 개입할 가능성도 배제할 수 없다. 이 경우 러시아까지 개입하는 세계전쟁으로 비화되지 않는다는 보장이 없다. 한반도가 강대국들의 전장으로 전락하고 국가와 민족의 운명이 그야말로 풍전등화가 되는 최악의 상황조차 예상되는 것이다.

이로 인해 평시에도 전쟁에 대비한 군비경쟁의 가속화로 국방비가 대폭 증가함으로써 이미 침체 상태에 빠진 한국 경제는 물론, 일본과 중국 등의 동북아 경제도 함께 어려움에 빠지는 것이 불가피할 전망이다.

2012년 6월 동중국해에서 실시된 한·미·일 연합연습..

트럼프의 '미국 우선주의' 시험대에 오른 한반도와 동북아

트럼프는 선거 유세 과정에서 나토 등 군사동맹과 MD에 부정적 시각을 드러낸 바 있다. 그러나 그는 취임과 동시에 동맹 강화와 북핵 미사일에 대비한 최첨단 MD망을 개발하겠다고 밝혔다(트럼프 행정부6대 현안).

특히 중국 때리기를 대외정책의 중심에 놓고, 북한을 테러집단, 중국, 러시아와 함께 미국의 4대 위협으로 규정하며 대북 선제공격 가능성까지 열어놓았다. 이러한 트럼프 정권에게 오바마 정권이 8년 동안 공(?)들여 구축해 온 한·미·일 통합 MD 체계와 군사동맹 및 동북아 지역 집단방위는 중국 견제와 북한 압박을 위한 가장 강력한 무기가 될 것이다.

이에 트럼프 정권도 사드 배치 등을 통한 한·미·일 통합 MD 체계와 지역 군사동맹 구축을 더욱 강화해 나갈 것으로 보인다.

레이건과 부시 정권의 군사적 일방주의에 경제적 일방주의까지 결합시킨 트럼프 대통령의 '미국 우선주의'가 한반도와 동북아를 그 첫 번째 표적으로 삼음으로써 한·미·일 대 북·중·러 간 신냉전 대결 구도의 도래라는 표현이 무색할 정도로 고강도의 대결이 한반도와 동북아를 중심으로 펼쳐질 가능성을 배제할 수 없다.

따라서 한반도와 동북아가 트럼프의 '미국 우선주의'의 시험대에 오르지 않으려면 반드시 한·미·일 MD 체계 및 군사동맹 구축과 동북아 지역 집단방위 행사를 막아야 한다. 이를 위해 사드 배치 철회와 한·일 군사정보보호협정 폐기가 최우선적 과제라는 것은 더 말할 필요가 없을 것이다.

9

법적 근거 없는
주한미군
사드 배치

주한미군의 사드 배치에 따라 한국은 미국에 수십만 평의 토지를 공여해 주어야 하고, 기반시설 건설비나 운영유지비 등 막대한 비용을 부담해야 하며, 공역 및 주파수 관리 등을 위한 후속 입법 조치도 취해야 한다. 그러나 사드 배치와 관련한 한·미 간 합의는 실체도 없고, 법적 근거도 없다. 수십 년에 걸쳐 자행되어 온 국방부의 독단과 전횡만 있을 뿐이다. 그런데도 정부와 국방부의 독단과 전횡을 견제하여 국가주권과 국익을 도모해야 할 국회는 헌법기관으로서의 임무를 방기하고 있으며, 각 당의 대선 후보들 역시 미국 눈치 보기와 대선에서의 표 계산에만 몰두하면서 관련 입장을 조변석개하고 있다.

　　이 장에서는 사드 배치 관련 한·미 간 합의의 실체가 없으며, 따라서 현재 진행되고 있는 주한미군 사드 배치는 법적 요건조차 갖추지 못한 채 불법적으로 이루어지고 있는 것이므로 원천무효임을 밝히고자 한다. 또한 한·미 당국이 힘으로 밀어붙여 끝내 사드가 배치되더라도, 이는 미국의 세계 군사전략 아래 이루어지는 것인 만큼 미국이 전적으로 비용을 부담해야 하며, 국회가 동의 과정 등을 통해 사드 배치의 법적 근거와 한국이 지게 되는 부담(토지 공여와 각종 비용 등)의 부당성 등을 파헤침으로써 국가주권과 국익을 지켜야 한다는 점을 말하고자 한다.

1. 실체도 없고 법적 근거도 갖추지 못한 한·미 합의

　　　　　　　　주한미군 사드 배치와 관련한 한·미 간 합의는 한·미 정부 간 '조약'(국제법에 의해 규율되는 권리·의무가 창설됨)이나 한·미 국방 당국 간 '기관 간 약정'(국제법에 의해 규율되는 권리·의무를 창설하지 못함)으로 체결되어야 한다.

　이에 국회 입법조사처도 의원 질의에 대한 회신(「사드 배치 관련 국회 동의 여부」, 2016. 7. 13)에서 "주한미군 사드 배치 합의는 기존에 국회의 비준동의를 받은 두 모조약(한·미상호방위조약, 한·미 소파)을 구체적으로 시행하기 위한 이행약정, 즉 '기관 간 약정'으로 체결하는 것도 가능하지만, 동시에 '조약법에 관한 비엔나 협약' 제31조 및 의심스러운 경우에는 국가주권을 덜 침해하는 방향으로 조약을 해석, 적용해야 한다는 법리에 따라 모조약(한·미상호방위조약, 한·미 소파)의 관련 규정의 해석 결과, 여기에서 예정하고 있는 시행 범위를 유월하고 있기 때문에 조약의 형태로 체결하여 헌법 60조에 따라 국회의 동의를 받을 것을 요구하는 것도 가능"하다는 입장을 밝혔다. 이 밖에 국제법적 구속력은 없지만 '양해각서 MOU'나 '신사협정' 등을 체결해 도입할 수도 있다.

반면 법제처는 2016년 7월 17일자 「주한미군 사드 배치 관련 검토」라는 보도자료에서 밝혔듯이, 주한미군 사드 배치가 "이미 국회의 동의를 받은 '한·미 상호방위조약' 제4조, '주한미군지위협정SOFA'* 제2조, 제5조 및 'SOFA 제5조에 대한 특별조치협정'의 틀 안에서 진행된 것으로서 별도의 동의가 불필요"하다는 입장이다.

법제처의 입장은 주한미군 사드 배치가 국회 동의를 필요로 하지 않는다는 것일 뿐, 그렇다고 해서 어떤 법적 근거가 필요한지, 아니면 아무런 법적 근거도 필요하지 않다는 것인지에 대해서 입장을 밝히고 있지 않다. 새로운 조약이 불필요하다는 법제처의 입장은 주한미군 사드 배치와 관련된 국회 동의 여부와 사드 부지 제공과 비용 부담에 관한 입장을 밝혔을 뿐, 사드 배치와 관련해 새로운 조약이 필요한지에 대한 입장은 밝히지 않았다는 것이다.

주한미군 사드 배치의 (법적) 근거로 삼을 수 있는 한·미 간 합의는 「한·미 공동실무단 운용 결과 보고서」(2건)와 이에 근거한 한·미 공동의 보도자료(「한·미, 주한미군에 사드 배치하기로 결정」, 2016. 7. 8)뿐이다. 두 건의 보고서 중 한 건은 군사적 효용성에 관한 문서이고, 다른 한 건은 주한미군 사드 배치와 관련한 미국의 권리와 한국의 의무를 규정한 문서로 추정된다.

그러나 이 문서는 국제법적 지위를 갖는 외교 문건으로 체결된 것이 아니어서 사드 배치 관련 한·미 합의는 실체가 없으며, 법적 구속력이

---

* 한·미 소파 : 한미상호방위조약 제4조에 의한 시설과 구역 및 대한민국에서의 아메리카합중국 군대의 지위에 관한 협정으로, 주둔군지위협정이라고도 한다. 1966년 7월 9일 체결되어 1967년 2월 9일 발효되었고, 이후 두 차례에 걸쳐 개정되었다.

없는 한·미 국방 당국자들 간의 임의적인 구두 합의에 불과하다. 조약은커녕 '기관 간 약정', 심지어 '신사협정'으로서의 지위조차 갖지 못한 것이다.

이런 사실은 주한미군 사드 배치가 아무런 법적 근거도 없이 추진되고 있거나, 아니면 한·미 간에 비밀 이면 합의가 있을 수 있는 가능성을 말해 준다.

한·미상호방위조약에 의거한 주한미군 사드 배치의 불법성

입법조사처는 주한미군 사드 배치가 한·미상호방위조약이 "예정하고 있는 시행 범위를 유월하고 있"다면서 새로운 조약을 체결하여 국회의 동의를 받을 수도 있다는 입장을 밝히고 있다. 그러나 주한미군 사드 배치가 한·미상호방위조약의 시행 범위를 넘어서고 있다는 근거에 대해서는 상호방위조약 4조의 미국이 대한민국에 미군을 배치할 권리에 "사드에서 예정하고 있는 미사일 방어체계MD까지 포함된다고 해석하는 것"이 의문이라고 제한적으로 밝히고 있다.

그러나 주한미군 사드 배치는 입법조사처의 견해에 더해 다음과 같은 측면에서도 한·미상호방위조약의 시행 범위를 넘어서고 있다.

첫째, 주한미군 사드 배치는 조약 전문이 밝히고 있는 "태평양 지역에 있어서… 평화와 안전을 유지하고자" 하는 조약 체결 취지에 반한다. 사드 도입은 미·중 간 전략안정을 해치고 동북아에서 미·중, 중·일, 미·러 간 대결을 격화시키며, 한·중, 한·러 간 대결을 야기함으로써 태평양 지역의 평화와 안전을 유지하고자 하는 조약 체결 취지에 위배된다.

둘째, 주한미군 사드 배치는 조약 제2조(발동 요건)가 밝히고 있는 "무력공격을 저지하기 위한 적절한 수단을 지속 강화시킬 것"이라는 조약 시행 범위(수단)에 부합하지 않는다. 사드는 다른 모든 MD 무기 체계와 함께 단순한 방어 무기가 아니라 선제공격을 위한 무기다. 사드는 곧 적국의 선제공격으로부터 탄도미사일을 방어하기 위한 무기이기도 하지만, 역으로 적국에 대한 선제공격을 보장해 주는 무기이기 때문이다. 즉 적국을 선제공격한 후 적국의 살아남은 탄도미사일의 공격을 받았을 때 이를 요격하기 위한 무기로도 쓰일 수 있다. 한·미연합군의 4D 작전개념도 선제공격 후 탄도미사일 방어라는 작전을 구사한다. 따라서 사드를 무력공격을 저지하기 위한 수단으로만 볼 수 없으므로 주한미군 사드 배치는 조약 제2조에 반한다.

한편 주한미군 사드 배치는 "무력공격을 저지하기 위한 적절한 수단"이라기보다 북한, 중국, 러시아, 특히 중국으로부터의 공격, 그것도 선제공격을 유발시킬 수도 있다는 점에서 조약 제2조에 반한다.

셋째, 주한미군 사드 배치는 조약 제3조에서 조약의 적용 범위를 한반도로 한정한 취지에 반한다. 사드 레이더의 탐지거리는 2000~5000km에 달해 중국·러시아의 내륙까지 깊숙이 탐지할 수 있다. 따라서 북한의 무력공격으로부터 남한을 방어하기 위한 수단으로서의 범위를 훨씬 뛰어넘는다.

넷째, 주한미군 사드 배치는 조약 제4조가 밝히고 있는 "미 합중국의 육군, 해군과 공군을 대한민국 영토 내와 그 부근에 배치하는 권리를 대한민국은 이를 허여하고 미 합중국은 이를 수락한다"는 조약 체결 취지에 위배된다. 조약 제4조에서 대한민국이 미국에 무상, 무제한(논란의 여지가 있지만) 주병권을 허용한 것은 조약 제3조에 명시된 남한 방어를 위한 것이지, 미국의 세계 군사전략을 시행하기 위한 것이 아니다.

그러나 사드는 중국을 견제하고 미국과 일본을 방어하기 위한 미국의 세계 군사전략 아래 한국에 배치된다는 점에서 조약 제3조에 반한다. 따라서 조약 제4조가 부여한 미군의 남한 주병권에 의거해 배치될 수 있는 무기가 아니다.

다섯째, 한·미상호방위조약 하에서도 국방부와 주한미군은 MD 무기를 비롯한 무기 체계를 한국에 배치할 때 한·미상호방위조약을 모범으로 한 기관 간 약정이나 양해각서 등을 체결해 들여온 사례들이 있다.

예를 들어 미 공군 A-10 항공기 24대를 수원 기지에 전개, 배치하기 위해 한·미상호방위조약과 한·미소파를 모범으로 하는 '한·미 공군 간의 A-10 항공기 전개에 관한 양해각서'(1981. 1. 15)나 AH-64 아파치 헬기를 미군기지에 전개, 배치하기 위해 한·미상호방위조약과 한·미소파를 모범으로 하는 '1992년도의 연합방위 증강사업의 계획의 일환으로 캠프 케이지에 AH-64 아파치 헬기 부대 및 지원부대들을 배치하기 위한 기지시설 건설에 관한 대한민국 국방부와 미 국방부를 대표하는 주한미군 사령부 간의 합의각서'(1993. 11. 17), 미 육군의 패트리엇 포대가 한국 공군기지 내에서 전개 훈련을 하기 위한 '한국 공군과 미 제8군 간의 한국 공군기지 내 패트리엇 전개 훈련에 관한 합의서'(2003. 1. 14) 등이 그것이다. 그런데 이들 무기보다 훨씬 정치적·군사적 의미가 크고 재정적 부담을 주는 사드 배치를 아무런 법적 근거도 없이 구두합의에 의거해 추진하고 있다는 것은 정부와 국방부의 불법적 독단과 전횡 외에는 아무것도 아니다.

이렇듯 주한미군 사드 배치를 추가적인 조약 체결 없이 한·미상호방위조약에 의거해 추진할 수 있다는 국방부와 법제처의 입장은 사드 성능과 한·미상호방위조약에 대한 의도적인 왜곡과 무지에서 비롯된 것이다.

한·미 합의가 조약에 해당하지 않는 이유

한국 정부가 주한미군 사드 배치와 관련한 한·미 간 합의(「한·미 공동실무단 운용 결과 보고서」나 「한·미, 주한미군에 사드 배치하기로 결정」 또는 다른 비밀 이면 합의)를 조약으로 체결하기 위한 법적 절차(법제처 심의→국무회의 심의→대통령 재가)를 밟지 않아 이를 조약으로 볼 수 없다는 것은 분명하다.

또한 「한·미 공동실무단 운용 결과 보고서」는 국방부 정책기획관(소장)이 서명하였으며, 「한·미, 주한미군에 사드 배치하기로 결정」은 한국 류제승 국방정책실장과 주한미군의 참모장(중장)이 공동 발표함으로써 정부 대표가 서명 주체가 되어야 하는 조약으로서의 기본 요건을 갖추지 못했다.

사드 배치와 관련해 한·미 간에 비밀 이면 합의가 있다 하더라도 이는 정부 대표가 아닌 정책실장이나 국방장관이 서명했을 가능성이 크고, 조약 체결 절차도 밟지 않아 조약으로서의 지위를 가질 수 없다.

뿐만 아니라 사드 배치 관련 한·미 간 합의가 문서 양식으로 체결된 것으로도 보이지 않는다. 국방부 법무관리관실 소속 한 중령은 "사드 배치와 관련한 한·미 합의가… 서면으로 작성된 것이 아니다"라고 밝힌 바 있다. 그의 주장이 사실이라면 주한미군의 사드 배치와 관련한 한·미 합의는 서면 형식을 취해야 할 조약으로서의 법적 요건조차 갖추지 못한 것이다.

그런데도 「한·미 공동실무단 운용 결과 보고서」나 「한·미, 주한미군에 사드 배치하기로 결정」, 아니면 또 다른 비밀 이면 합의를 조약으로 간주하게 되면 주한미군 사드 배치에 관한 불법적인 한·미 간 합의를 합법적인 것으로 용인해 주고, 그로부터 발생하게 되는 주한미군에 대한 부지 공여와 재정 부담 등의 국가 의무를 정당한 것으로 인정해 주는 꼴이 된다.

한·미 합의가 '기관 간 약정'에도 해당하지 않는 이유

「한·미 공동실무단 운용 결과 보고서」나 「한·미, 주한미군에 사드 배치하기로 결정」, 또는 다른 비밀 이면 합의가 있다면 이는 국내법이나 국회 입법조사처의 견해에 의거해 한·미상호방위조약과 한·미 소파를 이행하기 위한 '기관 간 약정', 곧 준조약으로 보아야 한다.

그렇지만 이것들을 '기관 간 약정'으로도 볼 수 없다. 그것은 주한미군 사드 배치를 위한 한·미 간 합의는 한·미 간 권리·의무와 재정적 부담을 창설하고, 타 부처 소관 업무를 포함하고 있는 등 조약에 해당하는 내용을 담고 있어 국방부 소관 업무에 한정해야 하는 '기관 간 약정'의 지위와 성격을 넘어서기 때문이다.

더욱이 앞서의 국방부 법무관리관실 소속 중령은 "사드 배치 (한·미 간) 합의는… 서면으로 작성된 것이 아니기 때문에 '기관 간 약정'으로도 볼 수 없다"는 입장을 밝힌 바 있다. 그의 주장대로 한·미 간 합의가 서면으로 작성되지 않았다면 서면 형식으로 체결되어야 하는 '기관 간 약정'으로서의 요건을 갖추지 못한 것이다.

또한 합의 과정에서 관련 내용을 외교부 조약국과 협의도 거치지 않았다. 사드 배치 관련 업무 소관 부서인 국방부 대량살상무기 대응과 ㅇㅇㅇ 대령은 "공동실무단에 외교부 소속 공무원이 포함되어 있어 실무단 내에서 외교부와 협의(?)를 했으나 외교부의 조약과나 한·미안보협력과와는 협의를 거치지 않았다"고 밝힌 바 있다. 이는 주한미군 사드 배치 관련 한·미 합의가 '기관 간 약정'이라면 마땅히 거쳤어야 할 정부 내 협의 절차를 위배한 것이다.

한편 주한미군 사드 배치 관련 한·미 간 합의가 '기관 간 약정'이기 위해서는 국방장관이 서명자로 되어야 하나 「한·미 공동실무단 운용 결과 보고서」는 양국군 소장이 서명하고 양국 국방장관이 승인(?)한 것에 지나지 않는다.

다만 양국 국방장관이 서명권 위임 절차를 밟았는지는 확인되지 않았으나, 국방장관이 서명했다면 군이 장관의 승인 절차가 필요 없다는 점에서 서명권 위임 절차를 밟지 않은 것으로 추정된다.

이렇듯 주한미군 사드 배치 관련 한·미 간 합의는 '기관 간 약정'의 지위조차 갖지 못한다. 그런데 이에 의거해 미국이 사드 배치 권리를 갖고 한국이 부지 공여와 기반시설 제공 및 운영유지비 지원 등 재정적 의무를 지는 것은 불법이며, 우리의 국가주권과 이익을 심대하게 침해하는 것이라 할 수 있다.

주한미군 사드 배치 관련 한·미 간 합의는 '거시기' 협정(?)

「한·미 공동실무단 운용 결과 보고서」나 「한·미, 주한미군에 사드 배치하기로 결정」, 또 다른 비밀 이면 합의가 '조약'도 '기관 간 약정'도 아니라면 주한미군 사드 배치는 도대체 어떤 근거에 의해 추진되고 있는 것일까?

정부가 관련 정보를 제공하지 않은 조건에서 정확히 판단할 근거는 없으나 국방부 법무관리관실의 ○○○ 중령이 밝힌 입장("조약이 아닌 많은 부분 중 하나")에 따른다면 주한미군 사드 배치에 관한 한·미 간 합의는 '신사협정gentlemen's agreement'이나 '양해각서'에 불과하다고 볼 수 있다.

그러나 '신사협정'이나 '양해각서'는 국제법적 권리와 의무를 창설할 수 없는 정치·도덕적 선언에 불과하다는 점에서 이것들이 국제법적 권리와 의무를 창설하는 주한미군의 사드 배치 관련 한·미 간 합의를 대신할 수는 없다.

또한 두 가지 모두 서면 형식으로 체결된다는 점에서 한·미 간 합의가 서면 형식으로 체결되지 않았다면 이는 '신사협정'이나 '양해각서'의 요건에도 못 미치는 것이라고 할 수 있다.

2011년 9월, 미국은 유럽 MD EPAA 체계 구축을 위한 1단계 사업의 하나로 AN/TPY-2 사드 레이더를 터키 말라티아 지역에 배치하는 사업을 터키 주재 미국 대사와 터키 외교부 차관을 서명자로 한 '양해각서'를 체결해 추진한 바 있다. '양해각서'가 비록 조약도 아니고 '기관 간 약정'도 아니지만, 정부 대표가 서면 형식으로 체결하고 정치·도덕적으로나마 체결 당사국들의 권리와 의무를 규정한다는 점에서 구두 합의에 지나지 않는 주한미군 사드 배치 관련 한·미 합의는 '양해각서'의 형식을 취한 미·터키 간 합의와 비교하더라도 국가 간 합의로서의 형식을 갖추지 못한, 법적 근거가 없는 합의라고 할 수 있다.

이렇듯 주한미군 사드 배치와 관련한 한·미 합의는 실체도 없고, 법적 근거도 없는 '거시기 협정'에 불과하다. 한국의 영토와 사법주권을 포기(치외법권적 지위를 갖는 수십만 평의 부지 공여, 주파수나 공역 관리를 위한 국내법 개정 등)해야 하고, 주한미군에 백지수표를 쥐어 주는 것이나 다를 바 없는 기반시설 구축비와 운영유지비 등을 부담해야 하는 등 주권국가라면 도저히 받아들일 수 없는 부당한 의무를 아무런 법적 근거도 없이 떠안은 채 주한미군 사드 배치가 추진되고 있는 것이다.

2. 용산미군기지 이전 사업의 교훈

1990년부터 추진된 용산미군기지 이전 사업과 관련한 한·미 간 협상 과정과 합의 내용에서 드러났던 한국 관료들의 대미 추종과 무책임성, 자의적 월권 행위는 국가주권과 이익을 엄청나게 침해했으며, 현 주한미군 사드 배치 과정에도 시사해 주는 바가 매우 크다. 용산미군기지 이전 사업의 교훈점을 참여정부 당시 공직기강비서관실이 작성한 관련 보고서(2003. 11. 18) 등을 통해 알아본다.

'1990년 한·미 간 합의(MOA, MOU)'의 위법성

1990년 6월 25일, 당시 이상훈 국방장관과 루이스 메네트리 주한미군사령관은 '용산기지 이전에 관한 합의각서MOA'와 '양해각서MOU'를 서명, 교환했다. 기지 이전에 따른 비용을 전액 한국이 부담한다는 내용이었다.

그러나 이 합의각서와 양해각서는 정부 대표로 임명되지 않은 국방장관의 명의로 체결돼 절차적 하자가 있고, 국가와 국민에게 중대한 재정적 부담을 지우는 조약임에도 국회 동의를 받지 않아 헌법 제60조 제1항을 위반한 것으로, 국내법적으로 효력을 가질 수 없는 것이었다.

그런데도 1991년 5월 13일, 포글먼 주한미군 부사령관은 외무부를 방문해 이 합의각서와 양해각서의 합법성을 인정한다는 내용의 서류에 서명할 것을 강요했다. 이러한 미국의 압력을 받고 그로부터 일주일 후에 열린 한·미 소파 합동위원회(5. 20)에서 반기문 당시 외무부 미주국장은 포글먼 주한미군 부사령관과 1990년 합의각서의 법적 효력을 확인하는 문서에 서명하였다.

그러나 미국은 1990년의 합의각서와 양해각서가 한국 법을 위반한 것임을 명백히 알고 있었다. 게다가 한·미 소파 합동위원회의 한국 대표를 사전에 방문해 위협을 가한 사실까지 있어 이 합의각서와 양해각서는 '조약법에 관한 빈 협약' 제46조, 제51조에 의거해 국제법적 효력을 상실한 것이었다.

그럼에도 불구하고 2002년 11월 28일, 김대중 정부 말기에 국방부 정책기획국 김선규 소장과 주한미군 사령부 기획관리참모부장은 '서울 주둔 미군기지 이전을 위한 기본요구서IMP 작성에 관한 절차'를 체결하였다. 이 합의는 1990년의 합의각서를 적법한 것으로 전제한 것이었으나, 정부가 협상 대표로 임명하지 않은 국방부의 일개 정책기획국장이 임의로 합의각서를 적법한 것으로 인정해 줬다는 점에서 심대한 월권 행위라 아니할 수 없다.

'1990년 합의'의 위법성을 시정하려 한 참여정부의 성과와 한계

2003년 7월 열린 제3차 '한·미동맹 조정회의'에서 한국은 1990년에 체결된 합의각서와 양해각서가 절차상 중대한 문제점을 안고 있어 국내

재원 조달이 불가능해질 것을 우려해 국회 동의를 위한 신규 협정 체결의 필요성과 합의각서와 양해각서 중 일부 사항의 수정(청구권, 영업손실권) 필요성을 주장했다.

미국은 1990년 체결된 합의각서와 양해각서가 법적으로 유효하다는 입장을 고집했지만 국회 동의를 위해서 새로운 형태의 협정 체결을 희망한다면 수긍할 수 있다는 입장이었다.

그런데 2003년 9월 3~4일에 열린 제4차 '한·미동맹 조정회의'에서 미국은 1990년의 합의각서와 양해각서보다 더욱 불평등한 내용을 담은 포괄협정과 이행합의서 초안을 제시하였다. '용산기지이전협정YRP'은 포괄협정, 이행합의서, 기술 양해각서로 구성되어 있었다.

포괄협정은 용산기지 이전과 관련해 한국의 포괄적인 이전비용 부담, 기존 기지 이상의 이전 수준 보장, 시설 소요의 미 국방부 기준 적용 등 한국에 일방적으로 불리한 내용들로 채워졌다. 더욱이 포괄협정에는 한국 비용 부담의 한도, 기존 기지 이상의 이전 수준에 대한 구체적 내용과 시설 소요에 대한 미 국방부의 기준이 구체적으로 적시되어 있지 않았다. 따라서 미국이 하위 문서에서 이런 내용들을 얼마든지 자의적으로 규정할 수 있는 까닭에 사실상 미국에 백지수표를 쥐어 주는 것이나 다름없었다.

이행합의서는 자금과 관련된 한국의 구체적인 의무 사항과 토지 공여 기한(4조 및 5조)을 규정하고 있다. 이는 이행합의서가 국회 동의를 받아야 할 조약임을 말해 준다.

기술 양해각서도 한국의 자금 제공 같은 권리와 의무 관계를 창출하기 때문에 국회의 동의 대상이었다. 기술 양해각서는 미국이 건설 사업에 대해 거의 전권을 행사하게 되어 있는 반면, 한국은 실질적인 통제권을 행사하지 못하고 비용만 부담하게 되어 있었다.

기술 양해각서 제5항 가)는 미국이 시설종합계획 수립 권한을 이용해 얼마든지 건설 소요를 늘릴 수 있도록 허용하고 있으며, 또한 건설 설계 기준을 미국이 일방적으로 정할 수 있도록 규정되어 있어 한국이 부담해야 하는 비용이 미국의 설계 기준 변경에 따라 얼마든지 늘어날 수 있었다. 실제로 미국의 설계 기준(특수시설에 대한 설계 기준) 변경으로 한국은 1조 원 이상 추가 비용을 부담하게 되었으며, 이것이 평택미군기지 이전 비용의 한국 측 부담액이 국회 동의 당시의 5조 원에서 후에 9조 원으로 급등하게 된 요인 중 하나다.

따라서 용산기지 이전과 관련해 실질적 내용을 담고 있는 이행합의서를 포괄협정의 하부 문서로 구성해 국회 동의 절차를 거치지 않은 것은 협정의 불평등 요소를 가리기 위한 편법이었던 셈이다. 이행합의서는 물론 기술 양해각서까지도 국회 동의를 받도록 했어야 마땅하다.

용산미군기지 이전 사업에서 드러난 정부 관료들의 대미 추종적 자세와 무책임성

당시 공직기강비서관실 조사에서 외교통상부 북미국(북미3과)은 미국에 대한 지나친 맹종적 자세와 현상유지적 속성으로 당당하고 합리적인 협상 외교를 전개하지 못했다고 실토하였다. 또한 중요한 정보를 독점적으로 장악하고 통제함으로써 조약국 등 다른 부서의 적법하고 정당한 조언을 무시하거나 참여를 제약해 협상 실패의 중요한 원인을 제공했다고 진술하였다.

북미3과 김도현 외무관은 "합의각서와 양해각서는 유효한 합의이므로 이를 인정하지 않고서는 협상이 진행될 수 없다. 국회와 국민들이 문제로 삼지 않는 수준에서 합의 형식과 문장의 표현을 바꾸는 것을 협상의 목표로 한다. 노무현 대통령이나 NSC(국가안전보장회의) 인사들은 반미주의자들이므로 이 문제에 대한 개입을 최소화시킨다"는 입장이었다고 진술하였다.

또한 국방부 정책실(용산기획반, 미주정책과)은 오랫동안의 대미 의존으로 인한 특유의 추종 자세와 좁은 시야를 벗어나지 못해 협상할 때 뚜렷한 한계를 드러냈다고 진술하였다.

한편 NSC 전략기획실은 대미 의존적 관행을 탈피하지 못하고 있는 외교통상부와 국방부를 적절히 견제하지 못하고 소극적으로 관망함으로써 외교안보의 전략본부로서의 역할을 제대로 수행하지 못했다고 진술하였다.

이러한 조사 결과를 토대로 공직기강비서관실은 대안으로 협상팀이 명백히 한계를 드러낸 만큼 전면 재편하고 협상 관련자를 문책하는 한편, 협상 내용을 원점에서 재검토해야 하며, 외교통상부·국방부·NSC 관련 인사들의 개편도 필요하다는 안을 제시하였다.

3. 폴란드와 루마니아 사례로 본 주한미군 사드 배치의 국회 동의 필요성

앞서 살펴보았듯이 법제처는 「주한미군 사드 배치 관련 검토」에서 사드 배치에 따른 새로운 조약 체결과 국회 동의가 필요 없다는 입장을 밝혔다.

이에 입법조사처는 「사드 배치 관련 국회 동의 여부」에서 "의심스러운 경우에는 국가주권을 덜 침해하는 방향으로 조약을 해석, 적용해야 한다는 법리에 따라 모조약(한·미상호방위조약, 한·미 소파)의 관련 규정의 해석 결과, … 조약의 형태로 체결해 헌법 제60조에 따라 국회의 동의를 받을 것을 요구하는 것도 가능"하다는 입장을 밝히고 있다.

미국의 유럽 MD 체계EPAA의 주력 무기인 이지스 어쇼어의 도입을 위해 폴란드와 루마니아가 미국과 체결한 MD 관련 조약은 입법조사처 견해가 국가주권과 이익의 침해를 막기 위한 올바른 입장임을 보여준다.

미·루마니아, 미·폴란드 합의와 한·미 합의 간 법적 지위의 차이

미국이 루마니아에 배치(2016년 5월 운영에 들어감)한 이지스 어쇼어는 이지스 BMD함에 장착하는 요격미사일의 하나인 SM-3 블록 1B의 지상형으로, 미국이 유럽에 건설 중인 MD 체계 2단계의 핵심 체계다. 미국과 루마니아는 이 체계의 도입을 위해서 2011년 9월에 조약을 맺고 시행에 들어갔다.

미국의 힐러리 국무장관과 루마니아의 티투스 외교장관이 서명한 이 조약은 전문과 총 14개 조로 이루어졌으며, 기지 관할권, 시설, 지휘통제권, 청구권, 환경과 보건 및 안전, 비용 부담 등에 관해 비교적 상세히 규정되어 있다. 또한 이를 이행하기 위한 약정이 11개 체결되었고, 3개의 이행약정이 추가로 체결 중에 있다.

미국이 2018년 폴란드에 배치하게 될 이지스 어쇼어 체계도 이지스 BMD함에 장착하게 될 SM-3 블록 2A 요격미사일의 지상형으로 EPAA 3단계의 핵심 체계다. 폴란드는 부시 정권과 지상배치요격미사일GBI을 배치(이른바 '제3기지')하기 위해 2008년 8월에 조약을 체결했으나 오바마 정권이 이 계획을 철회하고 이지스 어쇼어를 배치하기로 계획을 바꿈에 따라 위 조약(2008. 8)을 수정한 의정서를 체결(2010. 7)해 시행에 들어갔다.

미국의 콘돌리자 라이사 국무장관과 폴란드의 시코르스키 외교장관이 지켜보는 가운데 폴란드 주재 미국 대사 핀스타인과 폴란드 외교부 차관 나데르가 서명한 이 조약은 전문과 16개 조로 이뤄졌으며, 미·루마니아 협정과 유사하게 기지 관할권, 시설, 지휘통제권, 청구권, 환경과 보건 및 안전, 비용 부담 등이 비교적 상세하게 규정되어 있다. 또 이를 이행하기 위해 최소 7개의 이행약정을 체결하기로 되어 있다.

폴란드·루마니아는 새 조약 체결하고 국회 동의 절차 밟아

그런데 미·폴란드와 미·루마니아 조약은 같은 미국 MD 체계의 하나인 사드 도입을 위한 한·미 합의와 법적 근거나 지위에서 근본적으로 차이가 난다.

무엇보다도 폴란드와 루마니아는 각각 나토 조약(1949)과 나토 소파(1951), 나토 소파 보충협정-루마니아 보충협정(2001), 폴란드 보충협정(2009)-이 체결되어 있음에도 불구하고, 미국의 MD 체계 도입과 관련해 새로운 조약을 체결해 국회의 동의 절차를 밟았다는 점에서 사드 한국 배치를 위한 한·미 합의와 질적 차이를 보이고 있다.

미·폴란드와 미·루마니아 사례는 주한미군의 사드 배치가 한·미상호방위조약과 한·미 소파의 두 모법에 근거하고 있기 때문에 새로운 조약의 체결과 국회 동의 절차가 필요 없다고 주장하는 국방부와 법제처의 의견이 타당성을 상실하고 있음을 보여준다. 모법이 있다고 하더라도 사안에 따라 얼마든지 새로운 조약을 체결할 수 있고 국회 동의 절차도 거칠 수 있는 것이다. 국가주권과 이익을 지키기 위해서….

또한 미·폴란드와 미·루마니아 합의는 조약인 만큼 체결 당사국들의 권리와 의무가 명확히 규정되어 있는 반면, 한·미 합의는 당사국들의 권리와 의무가 규정되어 있지 않아 향후 이행 과정에서 미국의 권리와 한국의 의무가 미국의 임의대로 확장될 소지를 안고 있다.

이는 앞서 살펴본 용산미군기지이전협정이 국회 동의를 받았음에도 불구하고 하위 협정이 국회 동의 절차를 밟지 않은 데다, 이후 한국 정부의 허술한 대응으로 미국의 권리와 한국의 의무가 미국의 자의대로 확장되어 갔던 전례를 보더라도 알 수 있다. 즉, 실체가 모호하고 법적 근거가 없으며 국회 동의도 받지 않는 주한미군 사드 배치 관련 한·미 합의의 자의적 이행에 따라 국가주권과 이익이 얼마나 훼손될지 가늠하는 것조차 어렵다.

미·폴란드, 미·루마니아 합의의 서명 주체는 정부 대표인 반면 한·미 합의의 서명 주체는 정부 대표가 아닌 국방부 국·실장에 불과

더구나 미·폴란드와 미·루마니아 합의의 경우 서명 주체가 정부를 대표하는 외교부 장·차관이나 대사였던 반면, 한·미 합의의 서명 주체는 정부 대표가 아닌 국방부의 일개 소·중장이다. 국가와 민족의 장래에 결정적 영향을 미치고 국민에게 막대한 재정적 부담을 지우게 될 무기 체계를 정부 대표가 아닌 국방부의 전결로 들여온다는 점에서 정부의 무책임성과 국방부의 전횡이 얼마나 심각한 수준인지를 알 수 있다.

주한미군 사드 배치 과정에서 드러나는 국방부의 독단은 용산미군기지 이전 사업에서 정부 대표가 아닌 국방부의 일개 정책기획국장(소장)이 불법적인 1990년 한·미 합의각서를 적법한 것으로 다시 인정해 주는 월권을 자행했던 것과 유사하다고 할 수 있다.

결국 미·폴란드와 미·루마니아 합의와 한·미 합의의 차이는 미국의 MD 체계를 도입하기 위해 모법에 따른 새로운 조약과 국회 동의가 필요한지에 대한 해석의 차이에서 오는 것이 아니라, 조약 체결 당사국이 자국의 국가주권과 이익을 지키기 위해 얼마나 적극적인 정치적 의지와 책임지는 자세를 갖는가에 달려 있다고 하겠다.

국회 입법조사처의 의견대로 모법이 있다고 하더라도 주한미군 사드 배치 관련 한·미 간 합의를 조약으로 체결하는 것이 국가주권과 이익을 지키는 데 더 기여한다고 판단한다면 조약으로 체결할 수 있고, 체결해야 하는 것이 마땅하다.

그러나 국방부와 외교부는 기존의 대미 추종적 자세에서 벗어나지 못한 채 실체가 모호하고 법적 근거도 없는 구두 합의를 해줌으로써 앞으로 사드 도입 과정에서 국가주권과 재정이 크게 침해당할 수 있는 길을 열어 주었다.

미·루마니아, 미·폴란드 합의와 한·미 합의의 내용적 차이

주한미군 사드 배치와 관련한 한·미 합의가 법적 지위와 양국의 권리 및 의무를 명확하게 밝히지 않고, 국회 동의 절차도 밟지 않은 것은 결국 미국의 권리와 이익을 적극 보장해 주기 위한 것이다.

따라서 이런 불법·부당한 한·미 합의에 따라 주한미군 사드 배치를 허용해 줄 경우, 사드 배치와 운영 유지 과정에서 미·폴란드, 미·루마니아 합의에 비해 다음과 같은 부당한 주권 침해와 비용 부담 등을 감수해야 할 것으로 보인다.

첫째(기지 관할권) : 폴란드와 루마니아는 미·폴란드, 미·루마니아 합의에 따라 자국 내 미국 MD 기지에 대한 사법주권적 관할권을 행사하게 된다. 반면 한국은 미 MD 기지에 대한 치외법권적 권한을 보장해 주게 된다. 폴란드와 루마니아의 미국 MD 기지에 대한 사법관할권 행사는 미·폴란드와 미·루마니아 간 모법에 따른 것이지만, 한국도 사드 기지에 대한 사법관할권을 확보함으로써 국가주권의 침해를 최소화해야 한다.

둘째(시설 정보 통보) : 미·폴란드와 미·루마니아 합의는 미국이 요격미사일을 포함해 루마니아와 폴란드 내 미국 MD 체계의 구성 요소, 기지 주둔 미군과 군속의 숫자, 항구적인 변화에 대해 6개월마다 서면으로 보고하게 되어 있으나, 한국은 동 사안에 대한 보고를 받지 못할 가능성이 크다. 따라서 한국도 미국의 보고를 받아야 하며, 이는 주권국의 정당한 권한이다.

셋째(MD 작전통제권) : 미·폴란드와 미·루마니아 합의는 루마니아와 폴란드 내 미국 MD 체계에 대한 작전통제권을 미국이 배타적으로 행사하는 것으로 되어 있으나 루마니아 기지의 MD 작전통제권은 이미 나토로 넘어갔고, 폴란드 기지의 MD 체계도 운영에 들어가면 작전통제권이 나토로 넘어갈 가능성이 크다. 반면 한국은 주한미군 사드 체계를 비롯해 한국군 MD 전력까지도 미군이 작전통제권을 행사하게 되어 있다.

이 역시 한국군에 대한 작전통제권을 미군이 행사하고 있으니 어쩔 수 없다는 당위로 감수해서는 안 된다. 한국군이 한국군의 MD 전력에 대한 작전통제권을 직접 행사할 수 있도록 해야 하며, 미군 MD 전력의 시험 발사와 작전통제권 행사에 대해서도 한국의 감시를 받도록 협상해야 한다.

넷째(시험발사) : 미·폴란드 합의는 폴란드 내 요격미사일 시험발사를 폴란드의 동의를 받아 시행하도록 규정하고 있다. 그러나 한·미 합의는 주한미군의 시험발사를 규제하지 못할 가능성이 크다.

다섯째(비용 부담) : 미·폴란드와 미·루마니아 합의는 폴란드와 루마니아 내 미국 MD 기지 건설 비용과 관련해 미국은 기지 안 MD 시설 구축(기반 시설 포함) 비용을 부담해야 하며, 기지 밖의 전기·가스·수도·통신 등의 기반시설 건설과 변경 비용도 당사국들 간의 사용 비율에 따라 양국이 분담하도록 되어 있다.

그러나 한·미 합의는 기지 안팎의 기반시설 건설 비용을 전액 한국이 부담하게 되어 있으며, 향후 운영유지비까지도 지원할 수 있다는 입장이어서 한국이 루마니아나 폴란드에 비해 훨씬 많은 비용을 부당하게 부담해야 한다.

여섯째(기지 환경 정보 제공) : 미·루마니아 합의는 미국이 루마니아에 인간의 건강에 대한 전자기파의 위험 정보를 제공하도록 규정하고 있고, 미·폴란드 합의는 미국이 폴란드에 환경 규정을 이행하는 데 필요한 자료와 정보를 제공하도록 규정하고 있다. 그러나 한·미 합의는 이에 대해 실효성 있는 규정을 확보하지 못했을 가능성이 크다. 소성리(성주) 사드 기지에 대한 소규모 환경영향평가에 전자파에 관한 환경영향조사가 빠져 있다는 사실이 이를 입증해 준다.

이렇듯 미·폴란드나 미·루마니아 합의에 비해 한·미 합의는 국가주권의 양도나 비용 부담, 작전통제권 행사, 환경영향평가 등 여러 측면에서 불리해 한국이 루마니아·폴란드와 비할 바 없이 큰 침해를 받게 될 가능성이 크다. 나토 소파보다 한·미 소파가 불리한 데서 오는 한계에도 불구하고 주한미군 사드 배치 관련 한·미 합의를 조약으로 체결해 국회 동의를 밟게 한다면, 국가주권 침해와 비용 부담 등을 최소화할 수 있을 것이다.

4. 한·미 합의의 법적 근거를 밝히고 불법성 제거하는 것은 국회의 책무

북한의 지상형 SLBM(잠수함발사탄도미사일) 발사와 김정남 피살 사건을 계기로 바른정당 유승민 후보는 한국이 자체 예산으로 사드 포대 2~3개를 들여와야 한다고 주장하고 나섰으며, 국민의당 안철수 후보는 사드 배치 반대 입장에서 사드 배치 찬성으로 급선회했다.

유승민 후보 등 일각에서 북한의 지상형 SLBM 발사와 김정남 피살 사건을 계기로 주한미군 사드 배치를 기정사실로 굳히고 한국군 사드 도입까지 주장하는 것은 왜곡된 안보 이데올로기를 이용한 구태의연한 안보 장사 외에 아무것도 아니다.

또한 안철수 후보가 "정부 간 협약을 다음 정부에서 완전히 없던 것으로 뒤집긴 힘들다"며 황급히 사드 배치 찬성 입장으로 돌아선 것도 사드 배치 관련 한·미 합의라는 것이 과연 실체가 있는 건지, 또한 이 합의라는 것이 과연 적법성을 갖추고 있는지 조금이라도 살펴보았더라면 쉽게 할 수 없는 무책임한 발언이다. 전형적인 미국과 보수수구세력의 눈치 보기다.

우리에게 백해무익한 사드 배치를 철회하는 것이야말로 균형외교와 동북아 다자 공동안보를 통해 국가안보를 도모하는 길이고, 그것이 우리 국가이익과도 전적으로 부합한다.

그러나 국방부는 주한미군 사드 배치가 북한의 탄도미사일을 막는 데 효용이 있으며 중국 견제용이 아니라는 자기 최면에 빠져 한·미 협상에서 을의 위치를 자처했을 가능성이 농후하다.

용산미군기지 이전 협상에서 외교통상부와 국방부 관료들이 용산미군기지 이전이 미국의 세계 군사전략의 변화에 따른 것이라는 주장 한번 제대로 펴지 못하고 대미 맹종적 자세의 포로가 되어 국가주권 침해와 막대한 재정 손실을 가져왔던 전례를 주한미군 사드 배치 과정에서도 그대로 재현하고 있는 것이다.

이제라도 국회가 적극 나서 주한미군 사드 배치의 불법성을 적극 파헤쳐야 한다. 이를 위해서는 「한·미 공동실무단 운용 결과 보고서」(2건)을 공개하고 그 내용을 검증받아야 한다. 앞서 추정한 대로 이 2건의 문서 속에 미국의 권리와 한국의 의무가 규정되어 있다면 그 불법·부당성을 바로잡는 것은 1차적으로 국회의 책임이다.

만약 한·미 합의의 실체가 없거나 이면 합의에 의한 불법적 추진으로 판명될 경우, 주한미군 사드 배치를 즉각 중단시켜야 할 것이다. 국회가 끝내 사드 배치를 받아들이게 되더라도 최소한 한·미 간 조약으로 체결하여 국회 동의 절차를 밟도록 하고, 그 비용도 미국이 부담하게 함으로써 국가주권의 침해와 국가이익의 훼손을 최소화해야 한다.

10

사드 배치를
둘러싼
오해와 진실

1. 북한 잠수함발사탄도미사일(SLBM, 북극성-1호)과 북극성-2호를 사드로 요격할 수 있다?

　　　　　　　　　잠수함발사탄도미사일SLBM은 일반적으로 적의 핵공격을 억제할 수 있는 가장 유력한 수단이다. 수중 탐지가 용이하지 않아 적의 공격(1격)에 대한 보복공격(2격)을 보장해 주기 때문이다. 영국이나 프랑스 같은 핵 강국들도 대륙간 탄도미사일이 아닌 잠수함발사탄도미사일을 이용한 보복공격에 의한 억제력을 행사한다.

　북한의 SLBM도 한·미·일의 선제공격으로부터 생존할 가능성이 커 보복공격을 보장한다. '북극성 1호'는 만·섬 등을 이용해 은폐·엄폐가 가능하다.

　'북극성 2호'(북극성 1호 지상형)도 동굴 등을 이용하여 은폐·엄폐가 가능하고, 트럭을 개조한 이동형 발사대를 사용하며, 발사 준비 시간도 몇 분에 불과해 한·미연합군의 선제공격으로부터 살아남을 가능성이 큰 것으로 알려지고 있다.[1] 한·미연합군의 4D 작전이나 한국군의 이른바 킬 체인을 무력화시킬 수 있는 유력한 수단인 셈이다.

SLBM은 조기 탐지가 어려워 요격 불가능

북한은 2015년 5월 9일 최초로 SLBM 시험 발사에 성공해 150m를 비행했으며, 2016년 4월 23일에도 시험 발사에 성공해 30km를 비행했다. 2016년 8월 24일의 시험 발사에서는 500km를 비행하였다. 사거리는 최대 900km로 추정된다. 2017년 2월 12일에는 지상형 SLBM(북극성 2호) 시험 발사에 성공했는데, 고체 연료를 사용한 2단 로켓으로 500km를 비행하였으며 사거리는 최대 2000km로 추정된다.

이에 대해 한민구 국방장관은 "(북한 SLBM이) 동해안 동북방에서 한반도를 향해 발사된다면 사거리 2000km의 미사일이라 사거리를 조정해 쏠 텐데 무수단 미사일과 같은 맥락에서 사드로 요격 가능하다"고 주장하였다.[2]

그러나 SLBM은 은폐 기동을 통해 발사 지점을 노출시키지 않고 공격할 수 있어 조기 탐지가 어렵기 때문에 요격이 불가능하다. 물론 한반도 주변의 협소한 해역과 북한 잠수함에서 발생하는 소음 등으로 잠수함이 기동하는 데 큰 제약을 받지만, 한·미·일의 수색을 피해 탄도미사일을 성공적으로 발사할 수 있는 가능성이 있다.

한편 SLBM이 레이더의 탐지 각도를 피해 발사될 경우 이를 조기에 탐지, 추적하기가 어렵기 때문에 요격이 불가능하다. 포스톨 교수도 만약 북한이 KN-11(북극성 1호)을 실전 배치(2018년 추정)한다면 사드의 효용성은 완전히 무력화될 것이라고 주장한다. 그는 사드가 SLBM을 요격하지 못하는 것은 요격미사일이 갖는 한계도 있지만, 사드가 고정된 단일 레이더를 사용하기 때문에 북한 잠수함이 레이더의 탐지 각도(120도)를 피해 탄도미사일을 발사하면 불가능하기 때문이라고 설명하고 있다. 예를 들어 북한 잠수함이 남해에서 남한 도시나 시설을 겨냥해 탄도미사일을

발사한다면 이를 탐지할 수 없어 요격이 불가능하다는 것이다.[3]

포스톨 교수는 그 대안으로 북쪽 탐지용 레이더 말고도 남쪽·동쪽·서쪽에서 날아오는 탄도미사일을 탐지할 수 있도록 최소 3기의 레이더를 더 배치해야 한다고 말한다. 그러나 비싼 사드 레이더의 가격이 이를 쉽게 허락하지 않을 것이라면서 비용이 적게 드는 레이더를 개발해 배치하라고 권하고 있다.[4]

이에 한국군은 이스라엘이 제작한 슈퍼그린파인 레이더 1기를 추가로 도입해 남쪽을 향해 설치할 계획이라고 한다.

그러나 동·서·남·북 네 방면으로 탐지 레이더를 설치하더라도 한민구 국방장관도 인정하고 있듯이, 북한은 발사 지점과 각도, 연료량 등을 조정 발사하여 SLBM의 사거리와 고도를 달리함으로써 사드 레이더의 조기 탐지와 요격을 무력화할 수 있다. 이른바 회피기동이 가능하다는 것이다. 실제로 북한은 북극성 2호 시험 발사(2017. 2. 12) 때 "요격 회피기동 특성 등"을 검증했다고 밝혔다.[5]

설령 사드 레이더가 북쪽에서 날아오는 탄도미사일의 조기 탐지·추적에 성공하더라도 가짜 탄두나 파편을 식별하지 못하거나 탄도미사일이 나선형 회전을 하며 낙하하는 현상 등도 동시에 나타남으로써 요격에 실패할 확률이 높아진다.

이에 포스톨 교수는 요격 시간이 매우 짧은 탄도미사일이나 불규칙 낙하 운동을 하는 탄도미사일을 요격하기 위해 급가속이 가능한 초고속 요격미사일의 개발을 권고하고 있다.

그러나 급가속 요격미사일의 개발이 가능할지도 미지수이며, 개발에 성공하더라도 요격미사일이 가짜 탄두를 식별해 내지 못하는 물리적 한계나 협소한 한반도 지형으로 인해 요격에 필요한 시간을 확보하기 어려운 지리적·시간적 제약까지를 모두 극복하기는 어려울 것이다.

　이렇듯 사드로 잠수함 발사 탄도미사일을 요격할 수 있다는 국방부의 주장은 지상 발사 탄도미사일을 요격할 수 있다는 주장보다도 한 걸음 더 나간 거짓말이라고 할 수 있다.

2. 사드 배치로 북한 탄도미사일에 대한 다층방어가 가능하다?

한·미 당국이 사드 한국 배치 명분으로 내세우는 것 중 하나가 패트리엇 미사일과 함께 북한 탄도미사일에 대한 다층방어가 가능하다는 것이다.

그러나 이 주장 역시 허구다. 우선 앞서 설명한 바와 같이 패트리엇 요격 체계가 한반도에서 무용지물이라는 것은 2012년 10월 한·미 국방 당국이 공식 발표한 대로다. 사드로 수도권 방어가 불가능하다는 것은 2013년 국방부 내부 문건에서도 확인된 사실이며, 그 밖의 지역에서도 사드가 군사적 효용성이 없다는 것은 앞서 살펴본 바와 같다. 따라서 사드와 패트리엇으로 남한을 방어한다는 것은 애초에 성립하지 않는 주장이다.

설령 사드와 패트리엇 요격 체계가 군사적 효용성이 있다고 해도 남한 전 지역에서의 다층방어는 전혀 불가능하다. 미 의회 보고서(1999)와 국방부의 주장대로 사드와 PAC-3로 남한 전 지역을 다층방어하려면 사드는 최소 4개 포대가 배치되어야 하고, 패트리엇은 최소 25개 포대 이상이 배치되어야 한다.

사드의 경우 북쪽에서 날아오는 탄도미사일을 요격하기 위해 최소 2~3포대, 남쪽과 동쪽 바다 등지에서 날아올 SLBM을 요격하기 위해 최소 2~3포대가 배치되어야 하기 때문이다. 또한 패트리엇은 1999년 미 국방부의 의회 보고서가 제시한 안에 의거하면 남한의 주요 자산을 방어하는 데만 최소 25개 포대가 필요하다.

4~5포대의 사드를 배치하기 위해서는 최소 10조 원이 넘는 비용이 들며, 남한 전 지역과 국민을 방어하는 데 소요될 사드 포대와 예산은 계산조차 불가능할 정도로 천문학적 금액이 요구된다. 사거리 30km, 요격 고도 15~20km로 방어 지역이 매우 협소한 점방어 무기 체계로 남한 전 지역을 방어하기 위해 도입해야 할 패트리엇 포대의 숫자는 백 단위를 넘어선다. 한국군이 도입 중에 있는 PAC-3 발사대는 2개 대대, 8개 포대(48기 발사대)로 오산·평택·군산·대구 등의 주요 군 시설에 매우 제한적으로 배치되어 있을 뿐, 이 한정적인 패트리엇 체계로는 전체 군과 군 자산의 방어도 어려운데도 이를 도입하는 데만도 수조 원의 예산이 소요되었다.

따라서 한·미 당국이 주장하는 다층방어란 군과 일부 자산을 지킨다는 개념에 지나지 않는다. 원전을 비롯한 국가의 주요 자산과 국민의 생명을 지킨다는 개념이 아니라는 것이다. 모든 군과 군 자산을 다층방어로 지키기 위해 소요되는 사드와 패트리엇을 도입하는 것만도 현재의 국방 예산으로는 도저히 감당하기 어렵다. 하물며 남한 전 지역과 국민, 자산을 지키기 위한 다층방어 체계를 갖추려면 모든 국방예산을 탄도미사일 방어에 쏟아부어도 불가능할 것이다.

작전 종심이 짧은 한반도의 지형 특성상 다층방어 불가능

한편 다층방어란 'Shoot-Look-Shoot'의 요격 방식으로, 미국을 겨냥해 날아가는 데 30분 안팎의 비행시간이 소요되는 중국과 러시아의 대륙간 탄도미사일이나, 일본을 겨냥해 날아가는 데 최소한 10분 이상이 소요되는 중국과 북한의 중거리 탄도미사일에나 적용할 수 있는 방식이다. 즉 장거리 탄도미사일의 경우 중간 단계에서 3~4차례, 중거리 탄도미사일의 경우 중간 단계에서 1~2차례, 종말 단계에서 다시 1~2차례 요격하는 방식이다.

그러나 한반도는 작전 종심depth이 짧아 북한의 탄도미사일이 불과 3~5분 안에 남한에 도달하기 때문에 단 한 차례의 요격에 필요한 시간도 주어지기 힘들며, 두 차례나 요격할 시간은 더더욱 주어지지 않는다. 북한이 노동미사일을 고각으로 발사해 남한을 공격하는 지극히 예외적인 경우(10여 분의 비행시간)에나 적용 가능할지 모르나, 이때도 사드로 요격에 실패한 후 불과 수십 초 안에 PAC-3로 다시 표적을 획득해 요격미사일을 발사한다는 것은 PAC-3 요격미사일의 최소 10초에 이르는 비행시간까지 고려한다면 거의 불가능하다. 정상 발사 각도로 발사한 1000km의 노동미사일이 대기권에 재진입하여 PAC-3 요격 고도에 이르는 시간은 30~40초 정도에 불과하기 때문이다.

항공대 장영근 교수의 시뮬레이션[6]의 결과에 따르더라도 북한이 노동미사일을 고각으로 발사해 서울을 공격할 경우, 사드로 대응할 수 있는 시간은 45~49초에 지나지 않는다. 그리고 저궤도로 발사해 서울을 공격할 경우, 평택과 원주 배치 사드로 요격 가능한 시간이 각각 29초와 41초에 불과하다. 또한 계룡대나 부산 기장 원자력발전소를 겨냥해 저궤도 노동미사일을 발사할 경우, 대구 배치 사드로 요격 가능한 시간이 각각 68초와 23초의 여유밖에 없다.

따라서 탐지, 식별이나 발사 준비 등이 늦어지면 요격할 기회를 놓치게 된다. 실제로 장영근 교수는 저궤도로 발사한 북한 노동미사일 탐지 소요 시간에 2012년 북한의 은하 로켓 탐지에 걸린 50초를 적용했으나 2015년 은하 로켓의 탐지에는 13초나 더 많은 63초가 걸렸다. 탐지 소요 시간에 이 수치를 적용하면 평택 배치 사드의 요격 가능 시간은 16초로 짧아진다.

따라서 만약 탐지 시간이 더 길어지거나 탐지 이후 식별에서 요격미사일 발사에 이르기까지 발사 준비 단계에서 조금이라도 지체되면 평택이나 원주, 대구 배치 사드로 저궤도 노동미사일을 요격할 기회는 사실상 주어지지 않는다. 은하 로켓처럼 발사 지점이 이미 확정되어 있고 발사 시기와 궤도가 거의 확정되어 있는데도 요격 시간이 거의 주어지지 않는데, 하물며 이동 발사대 등을 이용한 북한 탄도미사일의 경우 탐지하는 데는 훨씬 더 많은 시간이 걸려 사실상 요격에 필요한 시간이 주어지지 않는다.

요격미사일 구입에만 수십조 원의 예산 필요

만약 한·미 당국이 'Shoot-Look-Shoot' 방식이 아닌 'Shoot-Shoot-Shoot' 방식을 적용한다면, 요격 확률을 고려할 경우 800여 기의 북한 보유 단·중거리 탄도미사일 대비 최소 3~4배의 요격미사일을 보유해야 한다. 그러나 1기에 110억~250억 원에 이르는 요격미사일의 가격을 고려하면 요격미사일 구입에만 수십조 원의 예산이 필요해 정부 예산으로는 도저히 감당할 수 없다.

또한 설령 사드와 PAC-3로 두 차례 요격할 수 있는 시간과 기회가 주어진다고 해도, 이는 어디까지나 북한이 노동미사일 1~2기를 발사했을 경우에나 가능한 주장이다. 50여 기에 달한다는 노동미사일 발사대

(이동발사대 포함)를 보유하고 있는 것으로 알려진 북한이 만약 노동미사일을 동시에 여러 기 발사했을 때는 다층방어가 아예 불가능하다. 동시에 발사되는 다량의 노동미사일을 동시에 요격할 수 있을 만큼 많은 수량의 탐지 레이더와 패트리엇이 배치되어야 하지만, 이는 사실상 불가능하기 때문이다.

일본의 한 MD 전문가도 2013년 개최된 한국 공군 방공유도탄사령부 주최 심포지엄에서 북한이 노동미사일로 일본을 동시에 대량 공격하면 일본이 이를 요격할 수 없으며, 미국의 요격 능력으로도 불가능할 것이라고 주장한 바 있다.[7] 하물며 일본보다 탄도미사일이 도달하는 데 걸리는 시간이 2분의 1 이상이나 짧은 남한을 동시 대량의 탄도미사일 공격으로부터 방어하는 것은 불가능하다. 더구나 북한은 동시 발사 능력을 갖추고 있어 한·미·일 미사일방어망을 무력화할 수 있다.

3. 한국 배치 사드로 미국을 겨냥한 ICBM을 요격할 수 있다

서재정 교수는 사드가 북한용이라고 주장하는 근거의 하나로 북한이 남극 궤도를 돌아 미국을 타격할 대륙간 탄도미사일ICBM을 부스트 단계에서 요격하기 위한 것이라고 주장하고 있다.

그러나 사드로는 ICBM을 요격하지 못한다. 사드는 사거리 300km 이상의 일부 단거리 탄도미사일과 주로 사거리 1000~4000km의 준·중거리 탄도미사일을 종말 단계 고고도(40~150km)에서 요격하기 위한 것이다. 이러한 사드 제원은 미 국방부(미사일방어청), 미국 의회 조사국과 회계국, 사드 제작사(록히드마틴과 레이시온) 등이 펴낸 각종 자료와 보고서가 일치한다. 즉 사드가 부스트 단계에서 요격할 수 있는 무기 체계가 아니라는 것이다.

미국 등 MD 선진국들은 지금까지 부스트 단계 요격미사일을 개발하지 못했다. 부스트 단계의 탄도미사일은 연료 연소가 불규칙해 등가속도 운동을 하지 않기 때문에 요격하기가 어렵다.[8] 미국이 ABL(Air Based Laser, 항공기 탑재 레이저) 요격 체계 개발을 포기하고 연구 단계로 되돌린 것도 등

가속도 운동을 하지 않는 부스트 단계의 탄도미사일에 이를 파괴할 수 있을 강도로 레이저를 조사照射할 수 없었기 때문이다.

북한, 발사 지점과 발사각 등 조절해 얼마든지 요격 회피 가능

뿐만 아니라 북한이 남극 궤도를 향해 ICBM을 발사한다고 해도 이 탄도미사일이 수도권 상공을 지날 때 이미 고도가 사드의 요격 고도(150km)를 벗어나기 때문에 사드를 수도권에 배치하더라도 요격이 불가능하다. 실제로 남쪽 궤도를 따라 발사한 은하 3호(2012. 4. 3)의 경우, 백령도 상공을 지날 때 고도가 151km에 이르러 이미 요격 고도를 벗어났다.[9]

또 미국을 겨냥한 북한의 ICBM은 통상적으로 중국과 러시아의 상공을 지나는 북동쪽 궤도로 발사하게 되는데, 이때도 사드 요격 사거리와 고도를 훨씬 벗어나게 된다는 것은 두말할 나위 없다.

이렇듯 한국 배치 사드로 미국을 겨냥한 북한의 ICBM을 요격할 수 있다는 주장은 사실과 다르다. 앞으로 미국이 사드 개량형을 수도권에 실전 배치한다고 하더라도 북한은 발사 지점과 발사각 등을 조정해 얼마든지 사드 사거리와 요격 고도를 피할 수 있다. 또한 사드를 수도권에 배치하더라도 유사시 북한은 장사정포 등으로 이를 무력화할 수 있다. 사드 등 MD 무기는 은폐나 엄폐가 불가능하다.

이렇듯 사드로 미국을 겨냥한 북한의 ICBM을 요격할 수 없다. 그런데도 사드로 미국을 겨냥한 북한의 ICBM을 요격할 수 있다는 주장을 하면 한·미 군 당국이 주장하는 사드의 군사적 효용성을 인정해 줌으로써 주한미군 사드 배치에 명분을 주고, 이를 구실로 사드 배치 비용을 한국에 전가하려는 미국의 의도를 용인해 주게 된다.

4. 대구 지역 배치 사드로 일본을 겨냥한 노동미사일을 요격할 수 없다

정욱식 대표는 사드 관련 토론회에서 대구 지역에 배치되는 사드로 일본을 공격하는 북한의 노동미사일을 요격할 수 있다고 주장했다. 그러나 이 주장 역시 근거가 없다.

일본을 겨냥해 날아가는 북한 노동미사일은 사거리가 1000~1500km로, 정점 고도가 최소 300km를 넘는다. 따라서 사거리 200km, 요격 고도 150km 이하의 사드 체계로는 이를 요격할 수 없다.

대구에 배치된 사드로 일본을 겨냥한 노동미사일을 요격하기 위해서는 노동미사일의 궤도가 대구로부터 반경 200km 내에, 정점 고도가 150km 이하가 되도록 형성되어야 한다. 한마디로 북한이 일부러 대구 배치 사드가 노동미사일을 요격할 수 있도록 극단적으로 발사각을 낮춰 발사해야만 이를 요격할 수 있는 것이다.

그러나 사드가 대구뿐만 아니라 남한 어느 지역에 배치되더라도 북한은 사드의 사거리와 요격 고도를 피해 노동미사일로 일본을 타격할 수 있다.

대구 지역 배치 사드가 일본을 겨냥해 날아가는 노동미사일을 요격할 수 있다는 주장은 팩트와 어긋날 뿐만 아니라, 사드의 군사적 효용성을 인정해 줌으로써 사드로 마치 남한을 겨냥한 북한의 탄도미사일을 요격할 수 있다는 잘못된 인식을 심어 준다.

5. 사드 레이더로는 중국 내륙에서 발사하는 ICBM을 탐지할 수 없다?

        정욱식 대표는 온라인 기고 글에서 한국 배치 사드 레이더가 중국 내륙에서 발사된 중국의 대륙간 탄도미사일을 탐지할 수 없다고 주장하였다.

그러나 사드 레이더의 탐지거리는 4000km가 넘는다. 이는 중국 내륙에 위치한 미사일 기지에서 발사된 대륙간 탄도미사일도 탐지할 수 있다는 뜻이다. 더욱이 미국을 겨냥한 중국의 대륙간 탄도미사일 기지는 대부분 중국 동북부 지역에 위치하고 있다. 이는 사드 레이더의 탐지거리가 미국 당국이 발표한 대로 2000km에 지나지 않는다고 해도 중국 동북부의 미사일 기지에서 미국을 겨냥해 발사한 대륙간 탄도미사일을 탐지할 수 있다는 것을 의미한다.

설령 중국 내륙 깊숙이 위치한 미사일 기지에서 발사되는, 미국을 겨냥한 탄도미사일을 부스트 단계나 초기 상승 단계에 탐지하지 못한다고 해도 북한 상공 전방 3000~4000km 이내에 중국 대륙간 탄도미사일의 궤도가 형성되는 경우에는 이를 탐지할 수 있기 때문에 이 정보를 이용해 미국이 중국의 대륙간 탄도미사일을 요격할 수 있게 됨으로써 미·중 간 전략안정이 훼손된다는 점에서는 변함이 없다.

특히 한국 배치 사드 레이더로 중간 단계를 비행 중인 대륙간 탄도미사일의 진짜 탄두와 가짜 탄두를 식별할 수 있어 중국의 대륙간 탄도미사일을 무력화할 수 있다. 이 때문에 사드 레이더를 대중국용으로, 나아가 미·중 간 전략안정을 무너뜨릴 전략무기로 분류하는 것이다. 미국도 사드 X-밴드 레이더를 전략 자산으로 분류하고 있으며, 전략사령관이 전략 지휘한다.

이와 같이 한국 배치 사드가 중국 내륙에서 발사되는 중국의 대륙간 탄도미사일을 탐지할 수 없다는 주장은 사드가 대중국용이라는 주장의 힘을 빼고, 대북용이라는 주장에 힘을 실어줌으로써 주한미군 사드 배치가 정당성을 얻고 사드 배치에 따른 한국의 주권 훼손과 재정적 부담을 커지게 된다.

6. 노동미사일을 요격하기 위해 사드를 도입해야 한다?

사드 배치론자들은 핵무기를 장착한 노동미사일을 요격하기 위해 사드를 도입해야 한다고 주장한다. 이들은 대부분 북한이 노동미사일을 고각으로 발사해 사거리를 줄이는 방식으로 남한을 타격할 것이라고 한다. 이들의 주장은 과연 타당한가?

북한이 노동미사일로 남한을 공격할 때 가짜 탄두나 추진체의 파편을 함께 날려 보내거나 탄두를 회전시켜 비행시키면 진짜 탄두의 식별이 어려워 사드로 요격하기 어렵다는 것은 앞서 설명한 대로다.

따라서 노동미사일을 요격할 수 있는지에 대한 논쟁이 무의미하다. 그럼에도 불구하고 사드 도입론자들의 주장을 비판해 보자면 사거리가 사거리가 1000~1500km에 이르는 노동미사일은 일본과 오키나와 주일미군 기지를 공격하기 위한 준중거리 탄도미사일로 남한 공격을 위해 고각으로 발사하게 되면 비행시간이 길어져 상대적으로 요격당하기 쉽다. 또한 자세 제어도 어렵고 정확성도 떨어진다.

따라서 북한은 탄도미사일로 남한을 공격할 경우 사거리가 짧아 비행시간이 짧고 정점 고도도 낮아서 요격하기가 어려운 단거리 탄도미사일을 사용할 가능성이 훨씬 크다. 생존 확률이 그만큼 더 높기 때문이다. 더구나 한반도 유사시 증원 전력으로 투입될 주일미군을 타격하기 위한 노동미사일로 남한을 타격한다는 것은 북한으로서는 작전의 실패를 자초하는 것이나 다름없어 북한이 노동미사일로 남한을 타격할 가능성은 그만큼 더 낮다.

이처럼 북한이 600여 기에 달하는 단거리 탄도미사일을 놔두고 군이 노동미사일로 남한을 공격할 가능성은 거의 없다.

이에 지난 2014년 1월, 새누리당 유승민 의원이 주최한 국회 사드 관련 토론회에서 당시 공군 방공유도탄사령부 이동원 대령은 "노동미사일을 고각으로 발사하는 것보다 발사각을 낮춰 저궤도로 발사하는 것이 탐지하기도 어렵고 비행시간도 짧아 남한에 더 위협적"이라며 "북한이 노동미사일을 고각으로 발사해 남한을 공격할 가능성은 낮다"는 의견을 제시한 바 있다.

그런데 노동미사일을 저궤도로 발사하여 사거리를 줄일 경우, 사거리·정점 고도·비행시간이 스커드 B·C와 유사해져 노동미사일을 구태여 저궤도로 발사해야 할 필요성이 없다.

사드 배치론자들은 노동미사일에 핵탄두를 장착할 수 있는 만큼 핵미사일 공격을 막기 위해서 사드 배치가 필요하다고 주장하지만, 노동미사일과 스커드 미사일은 탄두 중량과 크기가 비슷해 노동미사일에 핵탄두를 장착할 수 있다면 스커드 미사일에도 핵탄두를 장착할 수 있게 될 것이다.

설령 북한이 노동미사일을 고·저궤도로 발사하는 방식으로 남한을 공격하더라도 이를 PAC-3로 요격할 수 있어 군이 사드를 배치할 필요가 없다. 물론 이는 패트리엇의 군사적 효용성을 전제로 하는 주장이다.

7. 고각 발사한 노동미사일의 하강 속도가 빨라 패트리엇으로 요격할 수 없다?

　　　　　　　　김민석 전 국방부 대변인은 북한이 노동미사일을 고각으로 발사할 경우, 하강 시 "최고 속도가 마하 7(2.38km/s) 이상"에 이르러 "기존 PAC-3로는 요격할 수 없"(2014. 6. 19)다며 사드나 L-SAM 등 종말 상층 요격 체계의 도입이 필요하다고 강조하였다.

　하지만 미국 미사일방어청은 평문 자료에서 표준 발사 각도로 발사한 사거리 1300km의 준중거리 탄도미사일을 PAC-3로 요격할 수 있다고 밝히고 있다. 따라서 사거리 1300km 안팎의 노동미사일도 PAC-3로 요격할 수 있다. 노동미사일을 고각으로 발사할 경우, 최대 속도가 정상 발사 각도로 발사했을 때보다도 오히려 늦어지기 때문에 얼마든지 요격할 수 있는 것이다.

　국내 연구자도 고각으로 발사한 노동미사일을 PAC-3로 요격할 수 있다는 시뮬레이션 결과를 내놓았다. 한남대 최봉완 교수는 유승민 의원이 주최한 사드 토론회(2014. 1. 15)에서 북한이 노동미사일을 고각으로 발사해 남한을 공격할 경우, 남한 전 지역에서 약 1~2초의 요격 시간을 확보할 수 있다고 밝혔다. 그는 북한이 노동미사일을 A 지점에서 고각(정점 고도 429km)으로 발사해 서울을 공격했을 때 최대 속도를 약 2.6km/s라고 밝히고 있다.[10] 이는 노동미사일을 표준 발사 각도로 발사했을 때의 최대 속도인 약 3km/s보다도 늦다. 따라서 표준 발사각으로 발사된 노동미사일을 PAC-3로 요격할 수 있다면 고각으로 발사된 노동미사일도 요격할 수 있는 것이다.

또한 노동미사일은 대기권에 재진입한 후 하강 속도가 더 빨라지다가 공기 밀도가 높은 40km 고도에 이르러 하강 속도가 급격히 떨어진다. 그리고 PAC-3의 요격 고도(약 13km)에 이르러서는 하강 속도가 스커드 C와 비슷해지고, 탄착 시에는 스커드 B·C보다도 오히려 늦어진다.[11] 따라서 고각으로 발사한 노동미사일의 최대 속도가 마하 7 이상이 되더라도 PAC-3의 요격 고도에서는 하강 속도가 떨어져 요격이 가능하다는 것이다.

만약 국방부의 주장대로 PAC-3가 고각으로 발사한 노동미사일을 요격할 수 없다면, 사거리 500km인 북한의 스커드 C 단거리 탄도미사일도 요격할 수 없다는 주장으로 된다. 스커드 C 탄도미사일은 PAC-3의 요격 고도인 약 13km에서 하강 속도가 최대 속도인 약 2.1km/s[12]에 이르지만 PAC-3로 요격이 가능하다. 요격 고도 13km에서 노동미사일의 하강 속도도 스커드 C와 유사하다.

이렇듯 김민석 전 대변인의 주장대로 PAC-3로 노동미사일을 요격할 수 없다면 스커드 C와 같은 탄도미사일도 요격할 수 없다는 주장으로 되므로 북한의 단거리 탄도미사일을 요격하기 위한 PAC-3 도입은 철회되어야 할 것이다.

8. 주한미군 사드 배치에 한국은 비용을 부담하지 않는다?[13]

       주한미군 사드 배치에 미국은 부지 건설비와 운영유지비를, 한국은 부지 제공과 기반시설 건설비를 부담할 예정이다. 그러나 부지 건설비와 운영유지비의 일부 혹은 전부를, 나아가 전기·수도 등의 간접비용과 심지어 미군의 사드 장비 구매 비용까지 한국이 부담할 가능성도 있다.

  사드 부지 건설비를 추정하기는 어렵다. 운영유지비는 터키 배치 미군 운용 사드 레이더(전진배치 모드)의 경우, 20년 동안 약 12억 달러(약 1조 4천억 원, 1달러 1160원 기준), 연간 약 700억 원이 소요되는 것으로 알려지고 있다.[14] 또한 미국 물리학회에 따르면 사드 1개 포대의 연간 운영유지비는 사드 레이더가 전진배치 모드인 경우 최소 5900만 3000달러(약 685억 원)에서 최대 7900만 7500달러(약 917억 원)에 이른다. 만일 사드 레이더를 종말 모드로 운영하면 사드 1개 포대 연간 운영유지비는 약 450억 원이 소요된다.[15] 연간 운영유지비만 해도 방위비분담금의 4~9%에 달하는 큰 액수다.

미국은 남한 방어를 명분으로 사드를 들여오는 만큼 운영유지비의 분담을 요구할 것이며, 이에 따라 차기 방위비분담금 협상에서 방위비분담금 증액을 요구할 가능성이 크다. 나아가 기존 방위비분담금 중 미국이 쓰고 남은 돈의 일부를 사드 부지 건설비와 운영유지비 등에 불법 전용할 수도 있다. 만약 트럼프 대통령의 요구대로 미국이 사드를 구매하면서 들인 10억 달러를 한국 정부가 부담하게 되면 한국의 부담은 천문학적으로 늘어나게 된다. 또한 미국은 사드 기지 경비를 위한 인력과 비용, 경우에 따라서는 기지 밖 숙소 등을 요구할 가능성도 있다.

방위비분담금을 사드 기지 건설비와 운영유지비로 사용하도록 허용해선 안 돼

한국 국방부는 미국이 방위비분담금을 사드 부지 건설비와 운영유지비로 사용할 수 있도록 기정사실화하고 있다. 한민구 국방장관은 2016년 7월 13일 "방위비분담금 중 군사건설비를 미군이 사드 포대 건설에 쓸 수 있냐"는 김성식 의원의 질의에 대해 "주한미군 측이 그런 소요가 있다고 판단하면 사용할 수 있다"고 답변한 바 있다. 국방부는 2017년 2월 28일에도 "우리가 방위비분담금의 사용 내역을 통제할 권한이 없다"[16]는 입장을 취함으로써 미국이 방위비분담금을 사드 부지 건설비나 운영유지비로 사용하는 것을 허용하겠다는 입장을 보였다. 나아가 국방부는 "방위비분담금의 3개 항목(인건비, 군사건설비, 군수지원비)에는 쓸 수 있도록 정해진 분야가 있다. 이 3개 항목에 적정 소요 항목이 있다면 방위비 분담의 기준을 갖고 앞으로 적용해야 한다"고 주장함으로써 항목별로 소요에 따라 사드 부지 건설비나 운영유지비로 사용할 수 있다는 입장을 취하고 있다. 방위비분담금을 사드 부지 건설비나 운영유지비로 쓸 수 있다는 입장은 "한국은 부지와 (부지 밖의) 기반시설만 제공하고 나머지 비용(부지 건설비와 운영유지비)은 미국이 부담한다"(2016년 5월 3일, 한민구 국방장관의 국회 답변)는 애초 입장을 뒤집은 것이다.

부지 공사비나 사드 운영유지비를 한국이 부담하는 것은 한·미 소파 위배

한국 정부는 사드 배치 부지를 제공하는 것은 한·미 소파 제2조에 따른 것이라고 주장한다. 그러나 한·미 소파 제5조에는 시설과 구역을 제외한 주한미군 운영유지비는 미국이 부담하도록 되어 있다.

따라서 사드 부지 건설비나 운영유지비에 방위비분담금을 사용한다는 것은 결국 한국이 사드 부지 건설비나 운영유지비를 부담한다는 뜻이 된다. 이는 한·미 소파 제5조를 위배한 것으로, 불법이다.

한국은 미국의 방위비분담금의 사용 내역을 통제할 권한을 갖고 있다

한국 정부가 방위비분담금의 사용 내역을 통제할 권한이 없다는 국방부 주장은 거짓이다. 미국은 방위비분담금을 한국의 승인 없이 미국 마음대로 쓸 수 없다. 방위비분담금의 각 항목별 소요에 대해서 주한미군은 사전에 한국 정부와 협의해야 하고, 국회 예산 심사와 의결을 거쳐야 한다. 항목별 배정 단계부터 한·미가 협의하도록 되어 있는 것이다.

'방위비분담금 특별협정에 대한 이행약정'(2014년 6월 18일 서명)에 따르면 인건비, 군사건설비, 군수지원비 세 항목 간 자금 배정은 '한·미 방위비분담 공동위원회'의 종합적인 검토와 평가에 기초해 이루어진다. 이런 검토와 평가를 위해 주한미군은 자금 배정의 근거가 될 수 있는 세부 자료를 한국에 제출해야 한다.

방위비분담금의 항목별 배정이 끝나면 항목별 자금의 집행은 위 '이행약정'이 정한 절차에 따라 이뤄진다. 가령 군사건설을 보면 "군사건설 개별 사업은 주한미군사령관에 의해 처음 선정되고 우선순위가 매겨진다"(이행약정 2조 나항). 한·미는 주한미군이 선정한 군사건설 사업들을 합동협조단을 통해 검토하고 협의한다. 주한미군은 최종 건설사업 목록의 초안을 집행 연도의 전년도 8월 31일까지 한국에 제출해야 한다.

미국이 사드 부지 건설비로 군사건설비를 사용하려면 당연히 위 '이행약정'에 따른 절차를 거쳐야 한다. 그리고 각 연도의 군사건설 사업을 확정하는 과정에서 한국은 주한미군이 선정한 사업계획에 이의를 제기할 수 있으며, 만약 그것이 위법하거나 우리 국익에 중대한 해를 끼친다면 거부할 수 있다. 군사건설 개별 사업을 주한미군사령관이 처음 선정한다고 해서 아무 사업이나 선정해도 된다는 의미는 아니다.

방위비분담금(3개 항목)은 사드 부지 건설비나 운영유지비와는 무관

한·미 군 당국은 방위비분담금을 사드 비용으로 충당하기 위해 방위비분담금 3개 항목을 억지로 사드 부지 건설비나 운영유지비와 연관시키려고 할 것이다. 그러나 방위비분담금 3개 항목은 사드 비용과 연관될 수 없다.

방위비분담금의 인건비는 주한미군이 고용한 한국인 노동자의 임금을 지급하는 것이다. 그러나 사드 포대 운영에 필요한 민간 인력은 레이시온 등으로부터 파견된 기술직이어서 굳이 한국인 노동자들은 필요치 않다. 또한 기술직이 아닌 판매직이나 PX, 식당 등의 운영에 한국인 노동자가 필요할 수는 있지만, 이 경우는 비예산 기관 노동자여서 방위비분담금 지급 대상이 아니다. 군사건설비는 숙소나 막사의 경우 기존 롯데골프장의 시설을 이용하거나 왜관 미군기지를 이용할 수 있어 군사건설비를 쓸 필요가 없다. 국방부는 이미 골프장 내 클럽하우스와 직원 숙소 등을 향후 부대이용 시설로 사용할 수 있다고 평가한 바 있다.[17] 군수지원비는 군수비용 분담 시행 합의서가 체결되어 있어 미군 소유 탄약 정비, 전쟁 예비물자 정비, 노후시설 유지보수비, 물자 구입비, 수송 지원에 사용하기로 이미 그 용도를 한정하고 있다.

따라서 방위비 분담금의 3개 항목을 사드 부지 건설비 및 운영유지비와 연관시키려는 국방부의 주장은 아무런 근거가 없는 주장이다.

그런데도 방위비분담금으로 사드 운영유지비 등을 충당하도록 용인해 주면 방위비분담금을 불법적으로 사용하는 것으로 되며, 이는 방위비분담금의 인상을 가져와 그 부담은 고스란히 우리 국민이 지게 된다. 현재 방위비분담금은 미국 동맹국 중 한국과 일본만 부담하고 있다.

주한미군 사드 배치는 부지 건설비와 운영유지비 등 관련 비용 전액을 미국이 부담하는 것이 마땅하다. 사드 한국 배치가 미국의 군사전략적 이해에 따라 이루어지기 때문이다. 미국의 MD 무기를 배치하기 위해 미국에 부지를 제공한 루마니아와 폴란드가 미국에 미군 MD 시설 부지 건설비는 물론 미군이 사용할 기지 밖 기반시설 구축비까지 분담하게 하는 것도 이 기지 건설의 주된 목적이 자국 방어보다는 미국과 유럽 방어에 두고 있기 때문이다.

트럼프 대통령의 황당한 사드 장비 비용(10억 달러) 청구

트럼프 대통령이 로이터 통신과의 인터뷰(2017. 4. 27)에서 "나는 한국 정부에 사드 배치 비용을 지불하는 게 적절하다고 통보했다"면서 "사드는 10억 달러 체계다"고 친절하게(?) 액수까지 제시했다. 그러나 한국이 미국 군대가 보유, 운용하는 무기 체계 구매 비용을 부담하는 것은 아무런 법적 근거가 없으며, 다른 나라의 경우를 봐도 전례가 없는 일이다.

앞서 설명한 대로 한·미 소파 제5조에 따르면 한국은 시설과 구역을 제공하는 외에 다른 모든 주한미군 경비는 미국이 부담하게 되어 있다. 따라서 주한미군이 사드를 들여오면서 한국 정부에 사드 장비 비용을 부담하라고 요구하는 것은 한·미 소파를 위배하는 것으로, 불법이다.

트럼프의 사드 장비 비용 청구는 2017년 말 또는 2018년 초부터 시작될 10차 방위비분담금 특별협정 체결 협상을 염두에 둔 사전 포석일 수 있다. 만약 트럼프의 사드 장비 비용 청구가 방위비분담금으로 미군의 사드 구매 비용을 보전해 주라는 요구라면 방위비분담금은 2017년 현재 9507억 원에서 향후 2배 이상 인상될 가능성도 있다. 그러나 한·미 당국은 한국민의 반발을 우려해 10억 달러를 사드 운영유지비 명목으로 여러 번 나누어 지급하는 방식을 선택할 가능성도 없지 않다. 10억 달러(1조 1600억 원)는 한·미 당국의 주장대로 사드를 종말 모드로 운영할 경우 약 25년간의 운영유지비에 해당한다. 이는 한국이 방위비분담금을 2019년부터 2044년까지 물가인상분을 포함해 매년 최소 10% 안팎의 인상을 해주어야 한다는 것을 의미한다.

그러나 한국 정부가 트럼프 대통령이 청구한 10억 달러의 사드 장비 비용을 지불하게 된다면 그 방식이 어떻든 간에 한·미상호방위조약과 한·미 소파의 근간을 흔드는 것이다. 한·미상호방위조약과 한·미 소파에 따라 미군이 한국에 주둔할 권리와 부지와 시설을 제공받을 권리를 갖는 것은 주한미군의 인건비, 장비 구입비, 장비 및 시설 운영유지비는 어디까지나 미국이 부담한다는 것을 대전제로 하고 있기 때문이다.

방위비분담금 미집행액이 불법 사용되지 않도록 회수해야

방위비분담금 가운데 미국이 쓰지 않고 남아 있는 돈이 1조 원이 넘는다. 2002년부터 2008년까지 군사건설비에서 축적한 돈(1조 1193억 원) 중 쓰고 남은 돈(2015년 9월 현재 3923억 원), 방위비 분담 협정상 정해진 금액보다 줄여서 예산을 편성한 결과 발생한 차액분(5571억 원), 매년 예산을 집행하고서 남은 불용액(1415억 원) 등이 그것이다. 이 3개 항목을 합치면 무려 1조 909억 원에 이른다. 미국은 이 중에서 일부를 사드 부지 건설비나 운영 유지비로 쓸 가능성이 있다.

그러나 이 돈은 한국이 회수해야 하며, 앞으로 지급되어서도 안 된다. 미군이 2002년부터 2008년까지 군사건설비에서 축적한 돈은 미군기지 이전비로 전용하기 위해 축적한 돈이다. 군사건설비를 미군기지 이전비로 전용하는 것은 LPP(연합토지관리계획) 협정 위반으로 불법이다. 협정액과 예산액의 차액분은 해당 연도 예산을 편성할 때 미국의 사정으로 협정액대로 다 집행될 수 없음을 미리 예견하고 예산을 감액 편성한 결과 발생한 돈이다. 이 차액분은 아직 미국에 지급하지 않았으며, 향후 미국이 요청하면 지급한다는 입장이다.

그러나 이미 8차 방위비분담 특별협정의 유효기간(2009~2013)이 끝났기 때문에 한국은 2011~2013년도 감액분을 미국에 지급할 의무가 없다. 또한 9차 방위비 분담 특별협정의 유효기간(2014~2018) 중에 발생한 감액분이라 하더라도 유효기간이 지나면 이를 지급할 의무가 없다. 한편 불용액은 해당 연도에 사업을 정상적으로 집행하고 남은 돈이기 때문에 원래 국고로 회수해야만 한다.

미집행된 1조 원의 방위비분담금은 지급할 법적 의무가 없는 돈으로 회수하는 것이 마땅하다. 한국 정부는 이 돈이 사드 부지 건설비나 운영 유지비에 쓰이지 않도록 감시해야 할 책임이 있다.

9. 사드 레이더의 전자파가 안전하다는 정부의 주장은 신뢰할 수 있는가?[18]

사드 레이더에서 100미터만 벗어나면 전자파 피해로부터 안전하다?

2016년 2월 11일, 문상균 국방부 대변인은 2009년 괌 환경영향평가 보고서에 따르면 사드 레이더의 안전거리는 사람은 100m, 전자장비는 500m, 항공기는 5.5km라며 "100m 밖에서는 인체에 별다른 영향을 미치지 않을 것"이라고 주장했다. 2월 16일 한민구 국방장관도 국회 국방위원회에서 "사드 레이더로부터 100m 이내만 조심해야 할 구간이고 그 밖은 안전구간"이라고 밝혔다. 이러한 국방부의 주장을 과연 신뢰할 수 있는가?

국방부의 주장은 2012년 미 육군 교범이 출입을 통제하는 위험 반경의 기준으로 5.5km를 제시한 것과 큰 차이가 난다.

미 육군 교범은 사드 레이더의 탐지 각도인 130도를 기준으로 100m까지는 모든 인원의 출입을 금지시키는 '절대위험구역'이며, 반경 2.4km까지는 레이더로 인해 전자기파의 영향을 받을 수 있는 항공기와 각종 장비의 작동과 배치를 금지하고 있다. 이어 3.6km까지는 허가받지 않은 인원의 출입이 차단되고, 5.5km까지는 항공기·전자장비 등 폭발 위험

이 있는 모든 장비와 전투기를 조종·정비하는 인원의 출입이 통제된다고 밝히고 있다.[19]

또한 2015년 괌 환경영향평가 보고서는 100m 안에서는 "전자파가 심각한 화상이나 내상을 초래할 수 있다"고 명시하고 있다.[20]

사드 레이더가 사용하는 주파수 대역은 고주파 전자파를 발생시킨다. 고주파 전자파는 인체에 암을 일으킬 가능성이 있는 물질로 분류[21]되고 있으며, 인체에 대한 피해 역시 방사선처럼 장기간에 걸쳐 나타날 수 있다. 사드 레이더가 배치된 일본 교카미사키 주민들도 전자파와 발전기 소음으로 인해 구토와 어지럼증을 겪는다고 호소하고 있다.

이렇듯 사드 레이더의 전자파 피해 정도에 대한 국방부의 주장은 너무나 안이하고 무책임하다. 주민들의 안전은 안중에도 없는 것이다.

신뢰할 수 없는 정부의 전자파 시험 측정

정부는 2016년 7월 14일에는 패트리엇 레이더 및 슈퍼그린파인 레이더를 대상으로, 7월 18일에는 괌 배치 사드 레이더를 대상으로 전자파 안전성 시험측정을 하였다. 위 세 번의 시험측정 결과 전자파 밀도의 평균값이 허용 기준치 $10W/m^2$(사드 레이더와 패트리엇 레이더)나 $6W/m^2$(그린파인 레이더)보다 훨씬 낮은 값이 나와 안전하다는 것이 증명됐다고 발표하였다.

그러나 전문가들이나 언론은 정부의 시험측정 방식의 신뢰성에 대해 의구심을 나타내고 있다. 시험측정을 검증할 수 있는 자료를 전혀 공개하지 않았기 때문이다. 시험측정 대상이 된 해당 레이더의 제원, 특히 측정 당시 레이더의 출력과 빔의 각도(고도와 방위각), 빔 폭 등을 공개하지 않은 것이다. 레이더의 출력(어떤 사거리로 빔을 쐈는지와 연관된다)이나 빔 조사

각도, 측정 위치, 측정 시간 등을 조작하면 얼마든지 전자파 밀도의 측정 값을 허용 기준치 이하로 낮출 수 있다.

이처럼 정부가 진행한 세 차례의 시험측정은 이를 검증할 수 있는 자료가 전혀 공개되지 않았기 때문에 오히려 전자파의 안전성에 대한 의구심만 더 증폭시키는 결과를 가져왔다. 김남 충북대 교수(국제생체전자파학회장)와 이애경 한국전자통신연구원ETR 박사 등 전문가들은 "사드 전자파의 주파수와 출력 정보가 공개되지 않는 한, 안전성에 대해 확신하기 어렵다"고 입을 모았다.[22]

사드 레이더의 전자파는 인체에 유해할 방법이 없다?

김윤명 단국대 교수는 정부가 주최한 강연회(2016. 8. 25)나 새누리당 토론회(2016. 8. 29), 그리고 언론 인터뷰에서 "사드 레이더의 전자파는 인체에 유해할 방법이 없다"면서 전자파의 무해함을 주장하였다.

김윤명 교수는 "레이더파가 약한 부엽에서는 100m만 떨어져도 무해하다"고 주장했다. 레이더로부터 500m 떨어지면 전자파 전력 밀도가 휴대전화로부터 14cm 거리에 있는 것과 같을 정도로 미약하다고 말했다. 주엽에선 비통제 인원의 출입제한구역을 3.6km로 설정해야 안전하다고 주장했다. 주엽에 영향을 받는 고층빌딩이나 타워 등이 이에 해당한다는 것이다. 사드 레이더 전자파는 군이 설정한 안전 펜스 밖에선 인체에 유해하지 않다고 결론지었다."[23]

그러나 그의 주장은 사드 레이더 전자파가 안전하다는 결론에 꿰맞춘 것으로, 그 근거를 조작한 것이다. 김윤명 교수는 사드 레이더의 제원도 모르는 조건에서 미 육군 교범에 나와 있는 안전거리를 기준으로 역산해서 산출된 값을 근거로 제시했다. 즉 3.6km 떨어진 거리에서 전력 밀도의 허용 기준치가 10W/m^2(국제비전리복사방호위원회ICNIRP 인정 안정 기준치)이므로 이 기준치를 충족시키는 사드 레이더의 안테나 이득(안테나의 이득이 크다는 말은 더욱 예리하게 전자파를 형성해 원하는 방향으로 강한 전자파를 보낼 수 있다는 의미)과 평균 출력값(81KW)을 역산해 낸 것이다. 이렇게 역산해 나온 안테나 이득이나 평균 출력값을 대입해 3.6km 거리의 m^2당 평균 전력 밀도를 계산하면 10W가 나오는 것은 너무나 당연하다.

김윤명 교수는 평화통일연구소와의 통화에서 "3.6km 거리에서 전력 밀도값이 10W/m^2로 나온 것은 미 육군 교범의 안전 기준 거리에서 역산한 것이다"라고 인정하였다. 또한 그는 한 언론과의 인터뷰에서도 "(사드 레이더의 출력은) 대단히 중요하다. 하지만 우리는 알 수가 없어서 미군이 준 안전거리가 있으니까, 그것으로 역산을 하는 것이다. 출력은 모른다"[24]고 밝혔다. 사드의 출력을 모르는 조건에서 미 육군 교범이 제시한 안전성을 충족시키기 위해 이에 맞춰 사드 레이더의 출력을 꿰맞춘 것이다.

사드 레이더의 출력과 안테나 이득값이 어떻게 되는가에 따라서 3.6km 거리의 전력 밀도는 얼마든지 안전 기준치인 10W/m^2를 넘을 가능성이 있다. 또한 사드 레이더의 출력과 안테나 이득값이 어떻게 되는가에 따라 안테나의 고각(5도) 아래 전력 밀도도 달라질 수밖에 없다.

따라서 사드 레이더의 정확한 출력과 안테나 이득값을 바탕으로 3.6km 밖의 전력 밀도를 측정해야만 3.6km 거리 안에 위치한 김천 남면이나 농소면, 7km 떨어진 김천 혁신도시, 옛 시가, 사드 배치 지역 바로 인근에 위치한 소성리(성주) 등에 미치는 전자파의 영향 강도를 판단할 수 있을 것이다.

국방부 소규모 환경영향평가에서 빠진 사드 레이더의 전자파 안전성 평가

국방부는 국내 환경법에 따라 사드 배치 부지에 대한 소규모 환경영향평가를 실시하기 위해 2016년 말, 이미 용역업체를 선정하고 사전조사를 해왔다. 그런데 이 소규모 환경영향평가 항목에 전자파의 인체 영향이 빠져 있다. 이는 환경영향평가가 사드의 안전성을 알리는 수단으로 악용되고 있음을 보여주는 것이다.

반면 2017년 환경부 예산에는 주한미군 공여 구역 주변 지역 환경 기초 조사를 위해 18억 원[25]이 배정되어 있다. 이는 환경보호를 위한 특별 양해각서에 따라 주한미군에 공여할 부지에 대한 환경조사를 실시하기 위해서다. 정부는 앞으로 사드 기지에 주둔하게 될 미군의 안전과 건강을 위한 환경조사는 실시하면서도 정작 우리 국민의 안전과 건강을 지키기 위한 전자파 측정은 피하고 있다. 이는 정부가 우리 국민의 생명과 건강은 안중에 없고 미군 보호에만 관심이 있음을 보여준다.

또한 미국이 전자파가 인체에 미치는 위험 정보를 루마니아 당국에 제공하도록 한 미·루마니아 협정에 비춰 보더라도, 대미 전자파 관련 자료 요구와 공개 등 한국 정부가 주민 건강 보호를 위해 마땅히 취해야 할 조치를 하지 않고 있음을 알 수 있다.

한·미 군 당국은 사드 레이더에 대한 주민들과 국민의 의구심을 해소하고, 나아가 주민들의 안전과 건강을 지키기 위해서 사드 레이더의 제원을 공개한다는 전제 아래 중립적 위치의 국내외 전문가들과 주민 대표, 국회의원, 시민단체 등으로 구성된 조사단이 사드 레이더의 실제 운용 상황에 맞춰 전자파를 측정하고 안전성을 평가하도록 해야 한다.

10. 중국의 성주 사드 기지 공격 가능성과 만약 중국이 핵미사일로 공격한다면?

중국이 유사시, 특히 미·중 유사시 소성리(성주) 사드 기지를 공격할 가능성이 있을까? 그 가능성은 매우 낮지만 100% 전면 부정할 수도 없다는 것이다.

현재 중국이 미국의 자국에 대한 핵 공격을 억제힐 수 있는 능력은 대륙간 탄도미사일에 있다. 따라서 성주 배치 사드 레이더에 의해 미국을 겨냥한 중국의 대륙간 탄도미사일이 무력화될 수 있다면 중국은 성주 사드 기지를 핵미사일로 타격할 수 있다. 중국의 대륙간 탄도미사일 공격을 무력화할 수 있다면, 미국은 얼마든지 중국의 보복공격을 두려워하지 않고 선제공격을 감행할 수 있다. 터키에 사드 레이더가 전진 배치되었을 때 이란이 이를 이스라엘 방어용으로 간주해 유사시 이를 선제공격하겠다는 입장을 밝혔던 것과 궤를 같이한다.

실제로 중국 군사위원회 특별위원이기도 한 뤄위안羅援 육군 소장은 주한미군의 사드 배치로 "한국과 중국이 국부적으로 이미 실질적인 군사 대치 상황에 들어갔다"며 〈환구시보〉(2017. 3. 2)에 기고한 글에서 중국이 취할 수 있는 '사드 반격 10책' 중 첫 번째로 성주 사드 기지에 대한 외과 수술식 선제공격을 제안하였다. 그는 "중국 정부는 결코 식언을 하지 않음을 깨닫게 될 것"이라며 성주 사드 기지에 대한 중국의 선제공격이 엄포로 끝나지 않을 것임을 강조하였다.

유사시 중국이 성주 사드 기지를 공격할 가능성 커

포스톨 교수도 지난해 8월 필자에게 보내온 메일에서 "중국이 사드를 대미 보복 공격력에 대한 주된 위협으로 간주하기 때문에 중국군이 (성주) 사드 레이더를 공격하리라는 것은 거의 확실하다"며 뤄위안 소장과 같은 맥락의 주장을 하고 있다.

그는 중국이 성주를 핵미사일로 공격한다면 200~300킬로톤의 핵탄두가 장착된 단·중거리 탄도미사일을 사용할 것으로 예상하고 있다. 히로시마에 투하된 미국의 핵탄두는 12.5킬로톤에 불과하다.

그는 메일에서 200킬로톤의 핵탄두가 투하되었을 때 그 피해를 다음과 같이 요약하고 있다.

200킬로톤의 핵폭탄이 성주 상공에서 터지게 되면 이때 발산되는 에너지에 의해 약 1초 후에 불덩이火球가 형성된다. 이 불덩이의 표면 온도는 섭씨 8000도로 태양 표면 온도보다 2000도 정도 더 뜨겁고, 동일 면적의 태양 표면에 비해 약 3배의 빛과 열을 발산하며 충격파를 형성한다. 이 빛과 열은 불덩이 아래 지상의 철근 콘크리트를 녹여 버리고 화강암을 산산조각낼 정도로 강력하며, 나뭇잎과 풀, 다른 가연성 물질을 모두 불태우게 되는데, 그 면적이 최소 직경 2.5~3km에 달한다.

이로부터 약 20~25초 후에 충격파에 의한 엄청난 물리적 강도와 힘을 가진 후폭풍이 발생하여 폭심지 주변까지 화재와 파괴가 확장되며, 폭심지가 진공 상태로 되어 강력한 열폭풍(버섯구름)을 생성하게 된다. 히로시마에 투하된 12.5킬로톤의 핵무기는 약 7~8km²를 불태우고 파괴했다. 성주에 투하될 중국의 핵무기는 이보다 훨씬 넓은 면적인 약 50~70km²를 불태우고 파괴하게 될 것이다. 열폭풍 안에서의 바람의 평균 속도는 허리케인에 육박하며, 공기 온도는 물의 비등점과 비슷하거나 그보다 뜨거울 것이다. 말할 필요조차 없이 화재 지역 내에서 생존율은 거의 제로에 가깝다고 할 수 있다.

나아가 기상 조건에 크게 좌우되겠지만 치명적 수준의 방사능 낙진이 폭 5~15km 정도로 100~150km 떨어진 지역까지 이동해 쌓이게 될 것이다.

이와 같은 포스톨 교수의 분석에 따르면 중국이 단·중거리 핵미사일 1기만 성주 상공에 투하하더라도 주변 지역이 불바다가 되어 막대한 인명과 재산상의 피해는 말할 것도 없고 남한의 많은 지역이 방사능 낙진의 피해를 면하기 어려운, 적어도 한동안은 사람이 살 수 없는 지역으로 된다는 것을 알 수 있다.

따라서 사드를 배치한다는 것은 유사시 중국으로부터 핵 공격을 당할 수도 있는 공포를 안고 산다는 것을 의미한다. 이는 북한의 핵 공격을 막는다는 명분으로 들여오는 사드가 더 큰 핵 공격의 위험을 잉태시킴으로써 늑대를 피하려다가 호랑이를 만나는 신세가 되고 만다는 것을 말해 주는 것이다. 중국의 핵 능력은 북한의 그것보다 훨씬 우위에 있으며, 중국은 남한을 상대로 핵을 사용하는 데서 북한이 갖게 될 도덕적 부담보다 훨씬 적은 부담을 안고 있다.

맺는글

지구상에서 두 번째로 핵폭탄이 투하되는 나라가 되려는가?

사드 한국 배치의 마지막 담판장쯤으로 여겨졌던 미·중 정상회담(2017. 4. 8)은 양국 간 입장 차이만 재확인하는 자리로 끝나고 말았다. 또한 트럼프 정권은 중국의 강력한 반발에도 아랑곳지 않고 사드 부지에 장비를 반입하고 이의 초기 운영 능력IOC 확보에 속도를 내고 있다. 더욱이 트럼프 정권은 대북 한·미 전쟁연습(키 리졸브/독수리 훈련)에 이어 또다시 한반도에 핵항공모함과 핵잠수함까지 증파하며 위기를 조장하고, 아베 정권은 이를 부추기는 등 이른바 '4월 전쟁 위기설'의 여진이 5월로 이어지고 있다.

　미국이 북한을 선제공격할 가능성은 매우 낮다지만, 그럼에도 불구하고 계속되는 전쟁 위기설은 사드 배치에 대한 대선 후보들의 입장을 찬성 쪽으로 한 발 더 우클릭하게 하고, 보수수구 후보들이 안보 이데올로기에 편승해 지지율을 높이는 수단으로 악용되고 있다. 또한 트럼프 정권이 한국을 계속 대북 강압 정책의 틀 속에 가두어 놓고 한국의 안보 비용 부담을 늘리도록 강요하는 등 한국의 차기 정권을 자신의 의도대로 주무를 수 있는 여지를 넓혀 주는 부수 효과까지 낳고 있다.

한·미 당국이 사드 포대를 한국에 추가 배치할 가능성도 매우 크다. 사드 한국 배치로 동북아에서 이미 진행되고 있는 군비경쟁에 가속도가 붙고, 격화되는 군비경쟁 속에서 다시 사드 소요가 늘어나는 군비경쟁 의 악순환에 빠져들고 있는 것이다. 중국 현역 소장의 '사드 반격 10책' 은 한국 배치 사드의 무력화를 겨냥해 중국이 취하게 될 군비증강 계획 과 (선제)공격 전략을 잘 보여주고 있다.

사드 한국 배치에 따른 군비경쟁이 한·미·일 대 북·중·러의 진영 대 결로 현실화될 수 있다는 것은 마지막 단계에 이른 한·미·일 군사동맹 구축에 맞서 중·러 군사협력이 보다 긴밀해지고 있고, 향후 대결이 고조 됨에 따라 북·중·러 군사협력도 뒤따를 가능성이 크기 때문이다. 위 '사 드 반격 10책'은 5~6책에서 중국이 러시아와의 군사협력을 강화해 한·

미·일에 대응할 것을 주문하고 있다.

이러한 군비경쟁의 악순환과 격화되는 진영 대결이 제동 장치를 상실할 경우, 그 끝에 전쟁이 기다리고 있다는 건 결코 기우가 아니다. 게다가 한반도와 동북아에서의 전쟁은 핵전쟁이 될 가능성이 높다. 이로 인해 한반도가 일본에 이어 두 번째로 핵무기가 투하되는 나라가 될지도 모른다. 유사시 중국·러시아·북한이 사드 기지를 향해 핵미사일을 발사할 가능성이 있다는 것은 이미 그들이 공언한 대로다.

따라서 사드 배치 저지나 배치 사드 철거 투쟁도 중요하지만, 시야를 좀 더 넓혀 동북아시아와 한반도의 안보지형을 근본적으로 전환함으로써 사드와 MD 체계가 이 땅에 발붙일 수 없도록 안보 틀을 새로 짜는, 보다 근원적인 해결 방안을 함께 모색해야 한다. 그 길은 다름 아닌 한반도 평화협정 체결과 한·미 동맹 해체에 있다.

9·19 공동선언과 10·4 선언에서 우리는 이미 그 가능성을 본 바 있다. 2003년부터 2008년에 걸쳐 두 선언을 도출해 낸 시기는 곧 한반도 냉전 체제를 해체하고 비핵화와 평화협정 체결을 동시에 실현하여 통일로 가는 길이었으며, 한·미 동맹의 이완과 해체로 가는 길이었다. 다시 말해 대결과 공멸의 안보지형이 화해와 상생의 안보지형으로 대체되어 가던 시기였다. 국가와 민족의 내일을 열어 주고 희망을 안겨 줄 이 길을 우리는 반드시 다시 가야 한다.

이 길의 종착점에 다다르기 위한 중간 단계로 현재의 한반도 전쟁 위기설의 발원지이기도 한 키 리졸브/독수리 연습 같은 연례 한·미 연합 연습과 북한의 핵·미사일 실험을 동결하는 것이 시급하다. 북한과 중국이 선제적으로 제안해 온 이 입장을 그동안 한·미 당국은 일축했지만,

트럼프 정권은 오바마 정권과 달리 이를 받아들일 가능성이 있다. 트럼프 정권은 오바마 정권의 소위 '전략적 인내' 정책이 끝났다고 공언하고 있고, 오바마 정권과 달리 북한 핵·미사일 문제를 의제의 최우선 순위에 올려놓고 있기 때문이다. 뿐만 아니라 트럼프 정권은 최종적으로 대북 선제공격과 정권교체를 배제한 '최고의 압박과 개입'이라는 대북 정책을 수립했다. 대북 압박의 강도를 높여 북한을 대화의 장으로 이끌어 내겠다는 것이다.

제아무리 '미국 제일주의'를 앞세운 트럼프 정권이라 한들 핵과 재래식 전력으로 무장한 북한을 제2의 한국전쟁을 감수하면서까지, 더욱이 미·일 본토에 대한 북한의 핵·미사일 공격을 감수하면서까지 전쟁을 감행하는 모험을 할 수는 없어 결국 대화 쪽으로 무게중심을 옮긴 것이다. 북·미 정상회담 개최 제의(?) 등 트럼프 대통령과 틸러슨 국무장관의 북·미 대화 가능성을 시사하는 연이은 발언은 트럼프 정권이 처한 국내외적 입지의 어려움에서 나온 그저 일과성 제스처라기보다는 현 시기 핵전력을 중심으로 조성된 미·중, 북·미, 북·중 간 역학 관계의 산물이라는 점에서 미국의 대화로의 무게중심 이동은 앞으로 더욱 탄력을 받을 전망이다.

물론 북한의 6차 핵실험이나 장거리 로켓 발사, 미국의 대북 테러지원국 재지정, 한반도 대결 상태를 유지·강화하려는 한·미 수구세력의 남북 물리적 충돌 기도 등 여전히 많은 변수와 장애물이 가로놓여 있지만, 머지않아 북·미 또는 다자간 대화가 열릴 것으로 기대하는 것이 성급한 판단이라고는 생각되지 않는다. 부시 정권도 집권 1기에 북한 정권을 제거하기 위한 강압 정책을 폈다가 2기 들어 대화를 통한 한반도 비핵화와 평화협정 체결 정책으로 급선회한 선례가 있다.

따라서 남북 관계는 물론, 한·미 관계에서 차기 정권의 주동적인 역할이 어느 때보다 긴요하다. 남북 대화를 선도하고 북·미 대화를 적극 지원하며 한반도 긴장과 대결을 완화함으로써 한·미 연합 전쟁연습 중단과 북한 핵·미사일 시험 발사와 핵전력 동결을 위한 협상이 시작될 수 있도록 분위기를 조성하는 것이 차기 정권의 최우선 과제일 것이다. 또한 북·미 대화와 4자, 6자회담 등 형식과 선후에 구애됨이 없이 대화가 시작되도록 노력해야 하며, 9·19 공동성명과 10·4 선언을 계승·발전·이행해 나갈 다자·양자 틀을 구축해야 한다. 지금까지의 남북, 북·미, 6자회담의 합의를 지키고 계승, 발전시켜 나간다면 한반도의 안보지형을 근본적으로 바꿀 수 있는 한반도 비핵화와 평화협정 체결로 나아갈 수 있으며, 사드를 포함한 MD 체계와 공격 무기를 감축하기 위한 남·북·미 평화군축으로도 나아갈 수 있을 것이다.

그러나 차기 정권이 트럼프 정권의 길들이기에 굴종해 미국·일본과 함께 계속 대북 적대 정책을 추구해 나간다면 한국은 한·미·일 군사동맹과 집단방위의 굴레에 얽매여 우리 영토를 미국과 일본의 대북, 대중, 대러 군사적 대결을 위한 전초기지로 내주고, 국민의 생명과 자산을 담보로 한 만성적인 전쟁 위험을 감수하지 않으면 안 된다. 평화헌법을 무력화하고 선제공격 전력을 포함해 군사대국의 면모(?)를 갖춘 일본이 북한에 대한 선제공격을 감행하거나 미군을 따라 북한 지역에 들어가 점령 작전에 참여할 수도 있고, 중국군이 개입하여 한·미, 또는 한·미·일 연합군과 전투를 벌이는 국제전이 전개될 수도 있다. 구한말처럼 한반도가 강대국들의 전쟁터로 바뀌는 것이다. 이 과정에서 국가와 민족의 자주·평화·통일 지향은 또다시 큰 좌절을 겪지 않을 수 없다.

이런 만큼 한국은 한·미·일 군사동맹과 집단방위에 발을 들여놓아서는 안 되며, 한·미 동맹의 멍에에서 하루빨리 벗어나야 한다. 한·미·일 군사동맹과 한·미 동맹 하에서 민족이익과 국가이익은 설자리가 없으며, 미국과 일본의 국가이익이 그 자리를 대체하게 된다. 한·미·일 동맹의 하위 동맹자가 된 한국에 미국과 일본의 국가이익을 지켜주기 위한 국가 대전략과 군사전략이 강제됨으로써 분단의 멍에를 계속 메고 있어야 하고, 평화통일이라는 헌법적 가치는 실종될 것이며, 또다시 동족 간에 피를 흘리거나, 심지어 미·일 분쟁이나 중·일 분쟁에까지 우리 젊은 이들의 생명과 국민의 자산을 바쳐야 할지도 모른다.

이제 더 이상 맹목적인 대북 적대 정책과 이를 자양분 삼아 지탱해 온 한·미동맹에 매달려서는 안 된다. 한·미동맹의 굴레를 당연한 것인 양 받아들이고 이를 고수하는 것이 마치 민족과 국가의 이익을 지킬 수 있는 유일무이한 길로 받아들이는, 철두철미 뒤틀린 가짜 안보에 더 이상 농락당해서는 안 된다. 안보를 빌미로 한 미국의 한국에 대한 주권 농단을 아무런 문제의식 없이 받아들이고 정당화시켜 주는 국가적·국민적 굴종을 더 이상 용납해서는 안 된다.

전쟁공동체인 한·미동맹에서 벗어나야 한반도와 동북아 평화공동체를 수립할 수 있다. 무력공격과 전쟁을 불법화한 유엔헌장과 '침략의 정의에 관한 유엔총회 결의'에 따라 침략과 전쟁을 정당화해 주는 군사동맹과 집단방위를 해체하고 다양한 지역 공동안보기구를 결성해 다자간 공동안보를 구현해 나가야 한다.

이를 위해서는 5대 핵강대국의 패권을 보장하는 유엔 안보리 상임이사국의 거부권을 박탈하고 유엔총회 결의에 국제법적 구속력을 부여하는 등 유엔 개혁이 동시에 이루어져야 한다. 동북아시아에서도 다자간 공동안보협력체가 결성되어 지역의 군사동맹체를 대체해야 한다. 그리고 이 기구의 주도로 동북아 비핵지대화와 재래식 무기 감축을 추진해 나가야 한다.

이처럼 한반도 비핵화와 평화협정 체결, 남북 평화군축을 발판으로 하여 동북아 비핵지대화와 평화군축을 도모해 나가는 것이야말로 남북의 상생은 물론, 동북아 국가들의 상생과 평화, 공존·공영을 열어 가는 길이 될 것이다. 이 모든 것은 남북이 군사동맹의 망령에서 벗어나는 것에서부터 시작해야 한다.

이렇듯 사드 배치 저지와 사드 철거 투쟁은 한반도 자주와 평화, 평화군축, 통일로 가는 첫걸음이며, 동북아 공동안보평화협력체 결성과 비핵지대화, 평화군축으로 나아가는 디딤돌이다.

사드 배치 저지와 사드 철거 투쟁은 한반도가 또다시 남북 간, 강대국들 간 전쟁터로 전락하는 것을 막고, 혹시 일어날 수도 있는 핵공격을 막는 구원의 싸움이기도 하다. 사드 배치 저지와 철거를 위한 현장의 작은 몸짓 하나하나에 한반도와 동북아의 원대한 평화 염원이 담겨 있다.

미주

chapter 2

미국·일본·한국 MD 역사

1. MDA, *MISSLE DEFENSE : The First Seventy Years*, 2013, 16쪽.
2. 전성훈,『미국의 NMD 구축과 한반도의 안전보장』, 2001. 12. 31, 29쪽.
3. MDA, 앞의 책, 15쪽.
4. MDA, 앞의 책, 16쪽.
5. Donald R. Baucom, "The rise and Fall of Brilliant Pebbles", 2001, *The Journal of Social, Political and Economic Studies*, Volume 29, Number 2, Summer 2004, 165쪽.
6. MDA, 앞의 책, 16쪽.
7. MDA, 앞의 책, 16쪽.
8. 김기협·천희상 옮김,『미사일 디펜스, 환상을 좇는 미국의 방위전략』, 2002, 58쪽.
9. MDA, 앞의 책, 16쪽.
10. 전성훈, 앞의 책, 35쪽.
11. 전성훈, 앞의 책, 38쪽.
12. 전성훈, 앞의 책, 43·49쪽.
13. MDA, 앞의 책, 17쪽.
14. 주 12), 13)과 같음.
15. 전성훈, 앞의 책, 48쪽.
16. 김기협·천희상 옮김, 앞의 책, 62쪽. 전성훈은 앞의 책 51쪽에서 106억 달러로 밝히고 있다.
17. Tom Sauer, *Eliminating Nuclear Weapon – The Role of Missile Defense*, 2011, 44쪽.
18. Tom Sauer, 앞의 책, 43쪽,

19. Tom Sauer, 앞의 책, 44쪽,

20. MDA, 앞의 책, 17쪽.

21. Tom Sauer, 앞의 책, 45쪽.

22. MDA, 앞의 책, 20쪽.

23. 〈동아일보〉, 2013. 3. 18.

24. USA DOD, "Ballistic Missile Defense Review Report", 2010. 2, 27쪽.

25. 〈연합뉴스〉, 2014. 5. 20.

26. 〈한겨레〉, 2015. 7. 5.

27. 일본 방위성, 『방위백서』, 2014.

28. Desmond Ball and Richard Tanter, "The Transformation of the JASDF's Information and Surveillance Capability for Air and Missile Defence", *Security Challenges*, Vol 8, No 3(Spring 2012), 50쪽.

29. Desmond Ball and Richard Tanter, 앞의 책, 53~55쪽.

30. Statement of M. Elaine Bunn Deputy Assistant Secretary of Defense for Nuclear and Missile Defense Policy Before the Senate Armed Services Committee, 2014. 4. 2, 7쪽.

31. 일본 방위성, 『방위백서』, 2014.

32. Desmond Ball and Richard Tanter, 앞의 책, 55쪽.

33. CRS, *The US-Japan Alliance*, 2016. 2, 19쪽.

34. 경남대학교, 『SDI와 아시아의 안보』, 1987, 22~52쪽.

35. 권영호, 「한국의 미사일방어체계(MD) 구축 대안에 관한 연구」, 2010, 48~50쪽.

36. 권영호, 앞의 글, 48~50쪽.

37. 〈연합뉴스〉, 1999. 3. 5.

38. 국방부, 「화·생·방·미사일, 얼마나 알고 계십니까?」, 2001. 12.

39. 〈연합뉴스〉, 2016. 4. 3.

40. 〈연합뉴스〉, 2017. 4. 16.

chapter 3

사드로 북한 핵·미사일 막을 수 있나

1. 〈내일신문〉, 2012. 10. 25.

2. CRS 보고서, 2015. 4. 3.

3. https://missilethreat.csis.org/missile/kn-02/

4. https://missilethreat.csis.org/missile/hwasong-5/, 국방부, 『2016 국방백서』 등 참조.
5. https://missilethreat.csis.org/missile/hwasong-6/ 정규수, 『ICBM, 그리고 한반도』 등 참조.
6. https://missilethreat.csis.org/missile/hwasong-7/
7. https://missilethreat.csis.org/missile/no-dong/
8. 정규수, 『ICBM, 그리고 한반도』, 지성사, 2012. 5.
9. 정규수, 앞의 책.
10. https://missilethreat.csis.org/missile/pukkuksong-2/
11. https://fas.org/nuke/guide/dprk/missile/td-1.htm
12. https://missilethreat.csis.org/missile/musudan/
13. http://www.armscontrolwonk.com/archive/1201889/dprk-missile-designations/
14. https://missilethreat.csis.org/missile/taepodong-2/
15. https://missilethreat.csis.org/missile/kn-08/, 미 국방부 의회 보고서, "Military and Security Developments Involving the DPRK 2013" 등 참조
16. https://missilethreat.csis.org/missile/kn-11/
17. 장영근, 「한반도 전장 환경에서 사드의 군사적 효용성 분석」, 2016. 2. 11.
18. 미국과학자연맹(FAS), "Upsetting the Reset : The Technical Basis of Russian Concern Over NATO Missile Defense", 2011. 9.
19. Lewis and Postol, "How US strategic antimissile could be made to work", 2010. 11.
20. 〈한겨레〉, 2016. 2. 16.
21. 〈한겨레〉, 2016. 2. 11.
22. 〈한겨레〉, 2016. 2. 16.
23. Lewis and Postol, 앞의 글.
24. 〈한겨레〉, 2016. 2. 16.
25. NBC 뉴스, 2017. 3. 7.
26. 〈연합뉴스〉, 2017. 3. 8.
27. NBC 뉴스, 2017. 3.
28. 〈연합뉴스〉, 2017. 3. 8.
29. SBS, 2016. 2. 25.
30. 〈뉴욕타임스〉, 2017. 3. 4.

chapter 4

사드 배치는 한국의 미국 MD 전면 참여

1. 국회 속기록, 2016. 7. 20.
2. "AN/TPY-2 FORWARD BASED MODE(FBM) RADAR OPERATIONS", 2012. 4. 16, 23쪽.
3. 김민석 국방부 대변인, 2014. 5. 29.
4. 〈노컷뉴스〉, 2014. 5. 30.
5. 〈문화일보〉, 2017. 3. 14.
6. 미 국방성, "BMDR", 2010.
7. 〈연합뉴스〉, 2016. 3. 9.
8. 〈연합뉴스〉, 2016. 7. 25.
9. GAO, "Missile Defense", 2015. 5.

chapter 5

미국은 왜 한국에 사드를 배치하려고 하나

1. 〈한겨레〉, 2015. 6. 1.
2. Dean Wilkeing, 미 물리학회 워크숍, "Making Sense of BMD", 2013 ; National Research Council of The National Academies, "Making Sense of BMD", 2012.
3. Congressional Research Service, "Ballistic Missile Defense in the Asia-Pacific Region", 2015. 4. 3.
4. 〈세계일보〉, 2016. 4. 1.
5. CRS, "BMD in the Asia-Pacific region", 2013. 6, 17쪽.
6. 국방대학교, 『안보용어해설집』, 2001.
7. 주 5)와 같음.
8. 이병조·이종범, 『국제법 신강』, 2007, 892~893쪽.

chapter 6

미국 주도의 동북아 MD와 군사동맹, 무엇을 노리나

1. 미국과학자연맹(FAS), "Upsetting the Reset", 2011. 9.

2. Wu Riqiang, "Why China Should Be Concerned with U.S. Missile Defence?", 2013.

chapter 7
가장 대미 종속적인 한·미·일 통합 BMD 체계

1. CRS, "BMD in the Asia-Pacific region", 2013. 6.
2. CRS, "The US-Japan Alliance", 2016. 2, 19쪽.
3. NTI Global Security Newswire, 2010. 11. 18.
4. CRS, "Navy Aegis BMD", 51쪽, 2012. 8.
5. "Implementation of the EPAA", 폴란드 바르샤바, 2013. 4.
6. NATO, "Augmentation of Turkey's Air Defence", 2016. 6.
7. 〈월스트리트저널〉, 2016. 5. 18.
8. 일본 방위연구소, 「나토 억제, 방위태세 재검토 분석」, 2012. 11. 22.
9. CRS, "BMD in the Asia-Pacific region", 2013. 6, 11쪽.
10. 주 9)와 같음.
11. 〈연합뉴스〉, 2014. 10. 7.
12. Countering Air and Missile Threats, 미 합참 교리, 2012. 3.
13. 〈한겨레〉, 2014. 6. 9.
14. 〈문화일보〉, 2017. 3. 14.
15. 방위사업청, 「2017년도 방위력 개선 분야 예산안 개요」.

chapter 8
한·미·일 집단방위 행사와 한국의 대일 군사적 종속 가능성

1. 〈뉴시스〉, 2017. 3. 14.
2. Steven j. Whitmore, John R Deni, "Nato Missile Defense and the EPAA", 2013. 10, 15쪽.
3. 〈연합뉴스〉, 2012. 6. 15.
4. CRS, "BMD in the Asia-Pacific region", 2015. 4.
5. 노세 노부유키, 「공포의 노동미사일이 서울을 공습한다」, 『군사세계』, 2015년 3월호.
6. 〈도쿄신문〉, 2016. 4. 1.

7. 김득주, 「침략의 정의에 관한 연구」, 1974.

8. 〈마이니치신문〉, 2016. 9. 10.

사드 배치를 둘러싼 오해와 진실

1. 〈뉴욕타임스〉, 2017. 3. 4.

2. 〈연합뉴스〉, 2016. 7. 10.

3. 더불어민주당 주최 토론회, 포스톨 발제문, 2016. 10. 3.

4. 〈한겨레〉, 2016. 2. 17.

5. 〈연합뉴스〉, 2017. 2. 13.

6. 장영근, 《신동아》, 2016. 2 .21.

7. 코타로 오치아이, 「일본의 미사일 방어정책과 전략」 제18회 공군 방공포병 전투 발전 세미나 발제집, 공군방공유도탄사령부, 2013. 9. 13.

8. 정규수, 「순수 러시아 미사일 시대를 연 토플-M」, 『과학과 기술』, 2008. 9, 77쪽.

9. 〈한겨레〉, 2012. 4. 13.

10. 최봉완, 「북한의 핵탄도 미사일 방어전략 연구」, 유승민 의원실 토론회 발제문, 2014. 1. 15.

11. 안준일·권용수, 「운용 파라미터 변화에 따른 탄도미사일 비행 궤적 특성 해석」, 『한국 방위 산업학회』 제20권, 2013. 3. 12.

12. 〈한겨레〉, 2016. 2. 16.

13. 이 절은 평화통일연구소 박기학 소장이 집필하고 필자가 가필했다.

14. 미 의회 GAO 보고서, 2014. 4.

15. 미국 물리학회, "Making sense of ballistic missile defense", 2012.

16. 〈한겨레〉, 2017. 2. 28.

17. 〈영남일보〉, 2016. 8. 24.

18. 이 절은 평화통일연구소 박기학 소장이 집필하고 필자가 가필했다.

19. "AN/TPY-2 Forward Based Mode(FBM) Rader Operations", 2012. 4. 16.

20. SBS, 2016. 2. 16.

21. 세계보건기구 산하 국제암연구소(IARC), 2011. 5. 31.

22. 〈한국일보〉, 2016. 7. 14.

23. 〈중앙일보〉, 2016. 8. 30.

24. 〈민중의 소리〉, 2016. 8. 29.

25. 3월 15일자 평화통일연구소의 정보공개청구에 대한 환경부 답변.